指尖上的书屋

——卫星数字农家书屋应用与发展

主　编：郑铸东 李宝宁

副主编：柴佳林

黄河出版传媒集团
宁夏人民出版社

图书在版编目（C I P）数据

指尖上的书屋 :卫星数字农家书屋应用与发展 /郑铸东，李宝宁主编. —银川：宁夏人民出版社，2016.3（2016.7 重印）
ISBN 978-7-227-06299-8

Ⅰ.①指… Ⅱ.①郑… ②李… Ⅲ.①农村图书馆—数字图书馆—研究—中国 Ⅳ.①G250.76

中国版本图书馆 CIP 数据核字（2016）第 047619 号

指尖上的书屋——卫星数字农家书屋应用与发展　　郑铸东 李宝宁 主编

责任编辑　吴月霞　李亚萍
封面设计　王　磊
责任印制　肖　艳

黄河出版传媒集团
宁夏人民出版社 出版发行

出 版 人　王杨宝
地　　址　宁夏银川市北京东路 139 号出版大厦（750001）
网　　址　http://www.nxpph.com　http://www.yrpubm.com
网上书店　http://shop126547358.taobao.com　http://www.hh-book.com
电子信箱　nxrmcbs@126.com　renminshe@yrpubm.com
邮购电话　0951-5019391　5052104
经　　销　全国新华书店
印刷装订　宁夏书宏印刷有限公司
印刷委托书号　（宁）0001827

开本　720 mm × 980 mm　1/16
印张　14　字数 200 千字
版次　2016 年 3 月第 1 版
印次　2016 年 7 月第 2 次印刷
书号　ISBN 978-7-227-06299-8/G·863
定价　38.00 元

目 录

第三章 卫星数字农家书屋用户服务 /55

第四章 卫星数字农家书屋的推广 /59

第一章　卫星数字农家书屋概况

一、背景介绍

2012年8月,全国共建成农家书屋60.0449万家,提前3年完成建设任务,切实解决了农民群众读书难、看报难的问题,激发了农民群众学习科学文化的热情,为巩固基层思想文化阵地、服务社会主义新农村建设发挥了重要作用。

党的十八大指出推进公共文化建设,重视提高公共文化服务能力,保障人民基本文化权益。2012年9月28日,"数字农家书屋"写进新闻出版"十二五"发展规划;"新一代信息技术"列为国家战略性新兴产业创新能力建设重点,卫星是新一代信息技术的重要实现手段。

卫星数字农家书屋作为传统农家书屋的有益补充,不仅有助于实现农家书屋出版物内容资源的补充更新,同时大大提高了传统书屋的吸引力,有效提升了农家书屋的传播能力,促进了农家书屋更好地发挥农村思想文化主阵地的作用。

卫星数字农家书屋是农家书屋在公益出版中的创新型数字化新媒体阅读平台,与传统农家书屋相比具有"内容多、更新快、覆盖广、可管控"等优势,是创新型农家书屋数字化运营管理和服务平台,解决了传统书屋管理、维护和使用问题。

二、政策支持

2013年9月22日，国家新闻出版广电总局、财政部、文化部联合发布的《关于做好农家书屋出版物补充更新和使用工作的通知》(新出联〔2013〕7号）中明确指出:“按照中央关于加大对农村和欠发达地区文化建设帮扶力度的要求，国家新闻出版广电总局将协调相关建设单位，为集中连片特殊困难地区提供卫星数字接收设备。”

2013年12月3日，国家新闻出版广电总局批转发文《关于转发〈中国卫通集团有限公司关于支持集中连片特殊困难地区卫星数字农家书屋建设的方案〉的通知》(新出农字〔2013〕6号)中指出:“要充分发挥信息技术和卫星技术在农家书屋等文化惠民工程中的作用，为集中连片特殊困难地区提供卫星数字接收设备，积极推动数字农家书屋建设。”

2014年6月23日，国家新闻出版广电总局在陕西召开“卫星数字农家书屋建设推进会”。会议明确卫星数字农家书屋是传统书屋的有益补充，并指出要立足于农村实际需要，从推动公共文化服务标准化、均等化的要求出发，鼓励地处偏远、运输成本高、基础设施差的地区积极应用卫星数字农家书屋，解决内容补充更新问题。此次会议特别肯定了卫星数字农家书屋在集中连片特困地区和革命老区、民族地区、边疆地区的优势和发挥的重要作用，明确了卫星数字农家书屋是我国农家书屋工程数字化建设阶段的主要形式。

2015年6月5日，国家新闻出版广电总局在北京举行贯彻落实《关于加快构建现代公共文化服务体系的意见》新闻通气会，会议就国家新闻出版广电总局日前下发的《关于贯彻落实〈加快构建现代公共文化服务体系的意见〉的实施方案》(以下简称《实施方案》),向媒体通报。

会议通报，目前，国家新闻出版广电总局正在抓紧制定修改完善广播电视台、发射台、监测台和农村电影流动放映等设施设备的工程建设标准或技术标准。此次随同《实施方案》下发的《新闻出版广播影视基本公共服务项目指导标准(暂行)》，是在国家指导标准基础上，进一步明确细化了读书看报、收听广播、观看电视、观赏电影4个基本公共服务项目的暂行指导标准。同时，按照国家有关补助政策，积极争取中央财政对地方特别是老少边穷地区标准化建设给予补助支持。

国家新闻出版广电总局还在立项、资金、人才、播映、评奖等多方面创新扶持方式，推动广播电视节目创新创优，推进影视剧精品创作生产，抓好重大主题出版和重点出版物规划，促进精品内容网络传播，加强公益广告传播，并对特殊地区、特殊人群采取倾斜政策支持。

三、业务定义

近年来，航天技术应用产业发展迅速，并具有独特的安全、无缝全覆盖的传播优势。同时，航天技术在数字出版资源的开发与运用、数字出版物的合作与推广、数字出版关键技术的研发与攻关、专业人才队伍的培养等方面都已取得了显著成就。将成熟、先进的航天卫星技术应用于数字出版物传播行业，不仅能够促进卫星通信技术新产品创新应用，实现文化与科技的有效融合，也大大推动了数字出版的技术升级。

卫星数字农家书屋是利用卫星数字发行平台，将数字化图书、报纸、期刊、音像等内容通过专有的接收和存储装置投递到农家书屋中，用户可以通过电视、投影、电脑、手机、阅读器及音响等设备随时阅读和观看。其具有“内容多、形式新、更新快、全覆盖、成本低、可管控”等特点，是创新型的农家书屋数字化综合运营管理和服务平台。

四、平台介绍

（一）核心资源

“中星 6A”是为农家书屋提供服务的专用卫星，可覆盖中国全境，由中国境内最大的卫星运营商中国卫星通信集团的卫星地球站提供地面测控服务，是耗资数亿元建成的国内唯一的卫星数字发行服务平台，为卫星数字农家书屋提供运营保障。

中星 6A 卫星，提供 24 个 C、8 个 Ku 和 1 个 S 频段，覆盖中国全境、亚太及中东地区

卫星测控中心

数字发行数据中心

(二)平台组成

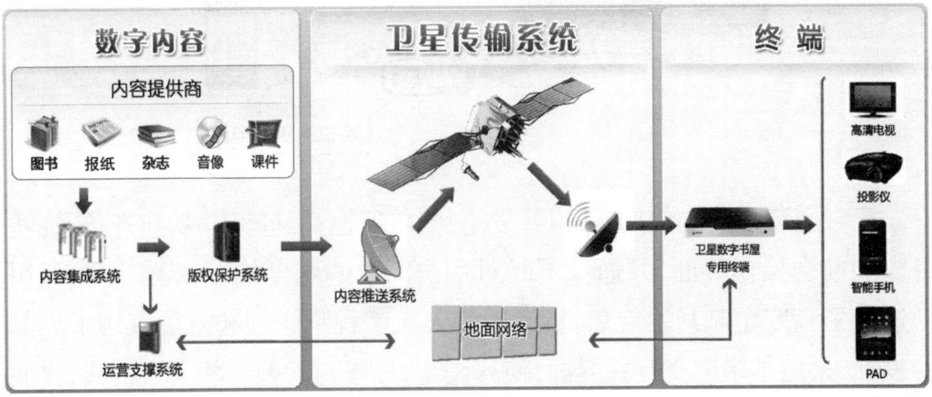

卫星数字农家书屋服务模式示意图

卫星数字农家书屋由卫星数字发行平台、多形式阅读终端和专有内容库三部分构成。

1.卫星数字发行平台

卫星数字发行平台是中国航天科技集团利用自身优势投入大量人力物力,历时 2 年,为出版行业定制开发的专用平台。该平台经过长期测试和试运行,目前已形成稳定完善的内容组织、版权保护、卫星推送、接收存储终端及用户应用之间的协调匹配与分享阅读功能，并已服务于全国万余家农家书屋。

该平台主要包括三个核心模块：内容集成模块、数据发行传输模块和终端信息处理模块。内容集成模块是数字内容审核、格式转换、投递准备、版权保护等功能系统；数据发行传输模块是以卫星上行、下行，数字内容投递、接收存储，链路安全监测监控为主的综合传输系统；终端信息处理模块是数字出版物内容接收、存储、版权保护、解码应用的最终载体。

2.多形式阅读终端与交互界面

卫星数字农家书屋实现多种阅读终端支持。如：电视、投影机、电脑等，并通过 WIFI 技术的应用，实现了手机、笔记本电脑、平板电脑及阅读器等多种移动终端支持，从而满足及时、便捷、个性化的阅读需求。

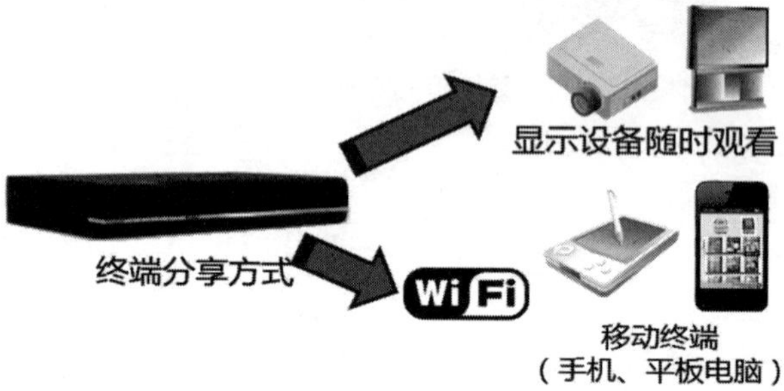

配合阅读终端的使用，项目开发了操作便捷、高速响应、功能齐备、性能可靠的前台操作界面，并通过不断对用户需求的深度挖掘，为广大农村用户进行了高度定制开发规划，科学地将人机工程学原理和方法应用于界面的设计，采用了多屏交互式界面，使其浏览、分级与切换功能大大扩展；界面友好、直观、简洁，为用户提供通俗易懂的分类信息，并帮助用户理解信息，为用户使用提供准确有效的导航。

3.专有内容库

专有内容库兼具丰富与精选的双重特点。在构建专有内容库时，以总署推荐目录为基本内容的选取原则，以富媒体为主要形式，以多样化内容为有效补充，以地方特色为个性化内容定制，并配合严格的三级审查工作机制，量身打造农家书屋专有内容库。

专有内容库为书屋提供丰富稳定的内容保障。内容库每年能够稳定提供2000册图书,100余份报纸,30种期刊,在图书、报纸、期刊中,符合总署推荐目录要求,并主打富媒体模式,确保有声读物占60%以上。另外,每年还提供包括农业科技、教育培训、娱乐生活、健康医疗等多种内容服务,满足了广大人民群众对阅读的根本需求,及时有效地将党的声音传达到基层的每个角落。

专有内容库在确保内容丰富稳定的同时,根据出版物的不同,提供定期持续的更新服务。如报纸每天更新,期刊每月更新,图书平均每季度更新500册,音像制品每周更新15~30小时。同时,根据各地个性化特色内容的需求,不断增加内容总量。

为解决少数民族阅读问题,专有内容库正在逐步构建民族语言字库,建立藏、蒙古、哈萨克、维吾尔、朝鲜等民族语种,并不断丰富语种内容。

五、设备构成

第一代终端设备:DBLS121-SY

第二代终端设备：DBLI8671-S2

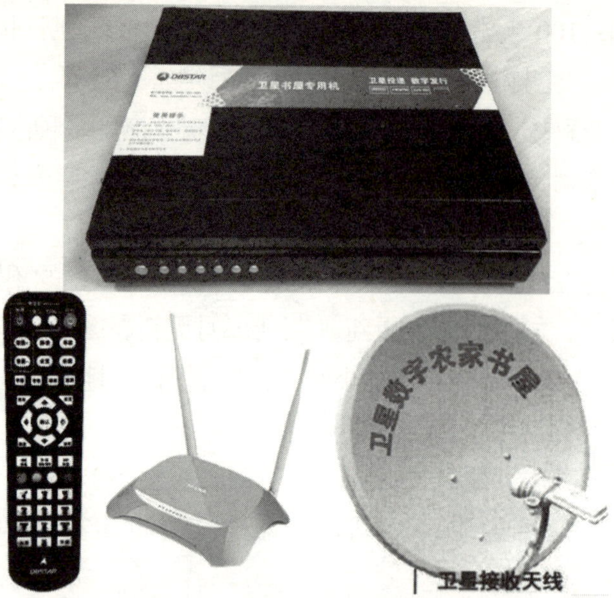

第三代终端设备：DBSTAR

六、技术保障

1. 建成国内首个卫星数字发行平台。

2. 采用国际领先 DRM 数字版权保护技术。

3. 相关技术规范成为国家新闻出版广电行业标准。

4. 获 46 项国家专利。

5. 先后研发 6 大系列专用终端。

七、资质许可

1.《互联网出版许可证》。

2.《出版物经营许可证(批发)》。

3.《电信与信息服务业务经营许可证(ICP)》。

4.《增值电信业务经营许可证》。

5.《广播电视节目制作经营许可证》。

6.《高新技术企业证书》。

八、优势特点

(一)全国无缝覆盖,接收无障碍

卫星数字农家书屋能有效覆盖中国全境,不受地域影响和限制,服务范围超过传统介质和互联网,无论在城郊、农村、山区、沙漠、高原,还是中国近海地区,都可以轻松接收卫星资源内容,没有任何技术障碍,只需在终端用户端安装小口径接收天线(直径 45 厘米),设备安装仅需 20 分钟,就可以开始观看卫星数字农家书屋相关内容。而且,卫星数字农家书屋硬件设备经过特殊设计,能适应农村各种复杂环境,保证设备能够长期使用。

(二)传统书屋升级,内容丰富新颖

丰富新颖的专有内容库,每年能够稳定提供 100 余份报纸、30 种期刊、2000 册图书及包括农业科技、教育培训、健康医疗、娱乐生活、电影电视剧

等在内的900小时以上的音像制品，每天投递更新服务，并可根据各地个性化的需求，不断增加内容总量，全面满足农民群众日益增长的阅读需求。

卫星数字发行技术的发展大大提升了信息传播能力，其优势在于不受地域限制，信息快捷传输，克服了传统发行在时间和空间上的障碍，为解决农村书报刊更新问题提供了很好的解决方案。卫星数字农家书屋传播能力强，当天的报纸第二天就能下载更新到数据库当中，每天上午、下午两次更新，并能以时讯的方式滚动播放新闻，确保信息传播安全快捷，使党和政府的声音能够有效传递到基层。对偏远农村，通过卫星数字农家书屋这一平台，真正确保了传播链条的完整性。

目前卫星数字农家书屋专有内容库正逐步构建民族语言服务，建立并不断丰富民族语种出版物内容服务。

（三）内容安全可控，版权保护技术成熟

卫星数字农家书屋的数据传输具有严格的管控措施，所有投递内容通过专用卫星通道投递，上行通道唯一，投递通道是单向一点对多点的网络结构，形成了完全受控的发行渠道，具有先天的安全优势。因此，信息安全管控更加简单直接，可以过滤全部有害信息。同时，卫星设备具有独特的连续工作的稳定性，不会丢失任何数据信息，保证了信息传输的安全性和可靠性。卫星数字接收终端采用安全加密设计，通过授权卡进行管理，系统内容无法被篡改。试点以来，上万个卫星数字农家书屋没发生过一起信息安全问题。

系统设置多级审查工作机制，有效对内容及版权进行控制管理。系统全部推送内容都统一经过出版社出版审查、发行平台的政治审核与技术审核。内容版权保护采用数字出版物文件单独密钥加密，通过卫星数字农家书屋终端设备、智能卡与卫星数字投递信息共同解密授权才能使用，较好地解决了数字出版物版权保护和利益分享的问题。

（四）农民易学易用，操作简单，直观易懂

卫星数字农家书屋配备的数字出版物相比传统出版物，在图文展示、有声朗读、影像视频等方面做了很大的改进提高，通过农科、教育、健康、生活、娱乐等多种内容投递，推广有声读物、图文读物等富媒体内容模式，使阅读更加生动，为农民群众所喜闻乐见。如通过有声朗读、以听代看的功能，使群众能够在书屋里活动的同时，收听电视读报、读书，这对农村老人、儿童非常适用。同时，少儿教育类的图文读物、有声读物，对于农村孩子加强学习、开阔视野也能够起到很好的促进作用。

卫星数字农家书屋只是通过一个遥控器就能解决这些问题，简单便捷无障碍，真正让农民群众看得懂、用得了。“一按遥控器，马上能够看到自己想看的电子书，而且这书还能说话，真是方便！”这是村民对卫星数字农家书屋最直观的感受。

为解决阅读个性化的问题，航天数字传媒进行了技术开发，使卫星数字农家书屋实现了多种阅读终端支持。在应用电视、投影机、电脑等传统设备的同时，通过 WIFI 技术，实现了手机、笔记本电脑、平板电脑等下载阅读。卫星数字农家书屋接收终端作为随时更新的村级信息中心，将各类内容传送到电脑、PDA 或手机等便携式移动终端上，用户可以方便地免费浏览，既满足了公共阅读的需求，又能够满足读者个性化的阅读需求。

（五）书屋数字提档，经济有效，切实可行

偏远（农村）地区一直是我国文化基础设施建设的重点区域，依托农家书屋这一文化惠民工程，实现农家书屋数字化的全面有效覆盖，特别是面向偏远地区建设卫星数字农家书屋，将能够真正解决党报党刊、优秀图书、音像出版物在农村基层的及时发行和阅读工作，构建出“天地一体”的、专属的、权威安全的农家书屋管理平台，将我国文化服务基础设施建设水平提上一个新的台阶，同时也为深入开展全民阅读活动，推动文化、科技、卫生“三下乡”提供了最有效载体。这对大力推进我国建立健全完备的公共文化服务体系建设具有重要而深远的意义。

卫星数字农家书屋投递及时、内容丰富、形式新颖、操作简单，安装维护简便，广受百姓欢迎。且卫星数字发行仅通过对现有卫星资源的利用，即可立刻取得庞大的全国无缝覆盖的网络，更加实用高效，在农村地区有着很强的实用性和广泛的应用前景，对提升新闻出版在农村地区的覆盖能力、解决书报刊发行在偏远地区“最后一公里”的问题有着直接的现实意义，是目前环境下实现农家书屋数字化的最有效、最经济的办法。

九、作用意义

(一)卫星技术惠及农村读者

近年来,航天技术应用产业发展迅速,并具有独特的安全、无缝全覆盖的传播优势。同时,中国卫通集团有限公司下属航天数字传媒有限公司,在数字出版资源的开发与运用、数字出版物的合作与推广、数字出版关键技术的研发与攻关、专业人才队伍的培养等方面都已取得了显著成就。因此,依托航天数字传媒公司全国独有的成熟的卫星数字发行平台、先进的版权保护管理技术和完善的全国服务体系为我国农家书屋数字化和进一步扩大面向自然村的有效覆盖提供了全新的思路和解决方案。致力于航天科技与农家书屋工程结合的航天数字传媒有限公司,自 2010 年年初就积极探求卫星数字发行平台在各领域的应用,旨在凭借卫星强大的辐射能力,让偏远山区的农民群众看书读报不再困难。航天数字传媒有限公司总经理郑铸东回忆:“就在企业当时取得新闻出版总署颁发的数字出版物总发行权以及连锁经营权的同时,农家书屋工程建设也正在如火如荼地进行中。我们发现,完全可以将卫星数字发行技术运用到农家书屋建设中,而且作为国企,我们有回馈社会的责任与义务。当时我们便萌发了建卫星数字农家书屋的想法。卫星数字农家书屋可以依托卫星数字发行平台,每天将报纸、图书及音像制品投递到每个农家书屋中,老百姓可足不出户就能方便地获得最新的资讯,切实解决了传统书屋报纸图书投递难的问题。”

(二)丰富高效,送知识上门

有这样一组数据显示了农民群众对卫星数字农家书屋的欢迎程度。根据航天数媒 2012 年 10~12 月间的调研显示,在北京地区随机抽取的 83 家回访用户中,应用卫星数字农家书屋后,认为有效提升了书屋吸引力,为传统书屋带来更多人气的占 86.7%,通过卫星数字农家书屋组织活动的占 94.0%,村里每天、每周或会议之前使用书屋的占 97.6%;同期,河北共访问 499 家卫星数字农家书屋,认为卫星数字农家书屋有吸引力、为传统书屋带来更多人气的占 99.54%,通过卫星数字农家书屋组织活动的占 70.53%,村里每天、每周或会议之前使用书屋的占 84.0%。数据显示,各地卫星数字农家书屋的建立，对于解决传统农家书屋的可持续发展问题，提供了一条切实可行的道路。

根据国家新闻出版广电总局的相关调查显示，目前，数字技术的发展和应用已经开始为农家书屋下一步的发展带来了新的思路和解决方案，目前已经有不少省份开始探索运用卫星、互联网、有线电视网络等技术进行数字农家书屋试点，并取得了初步成效。其中，卫星数字农家书屋占到目前试点总量的70%以上。卫星数字农家书屋依托航天科技力量，用经济便捷、安全高效的办法，解决了传统书屋报刊投递难这一问题的同时，还实现了优质数字出版物的有效整合，为农村读者提供了丰富的内容和信息服务以及数字化的阅读体验。

卫星数字农家书屋项目试点至今，由于应用便捷、更新快速、使用维护高效简单，能够有效实现对出版物的及时投递更新、开发内容丰富的专有精品资源库，创新了阅读模式，对传统农家书屋形成了有益补充，使农家书屋的传播能力得到大幅度的提高，受到了试点地区农家书屋建设管理部门的高度肯定，也得到农民群众的一致欢迎和认可。

十、品牌形象

（一）品牌名称　卫星数字农家书屋

（二）品牌标识

（三）品牌定位　中国卫星数字化农村书屋第一品牌

（四）核心受众　中国广大农村人民群众（3岁以上人群）

（五）核心价值　航天技术　农村百姓　公共文化

（六）出品公司　航天数字传媒有限公司

（七）出品时间　2011 年

（八）品牌宣传片

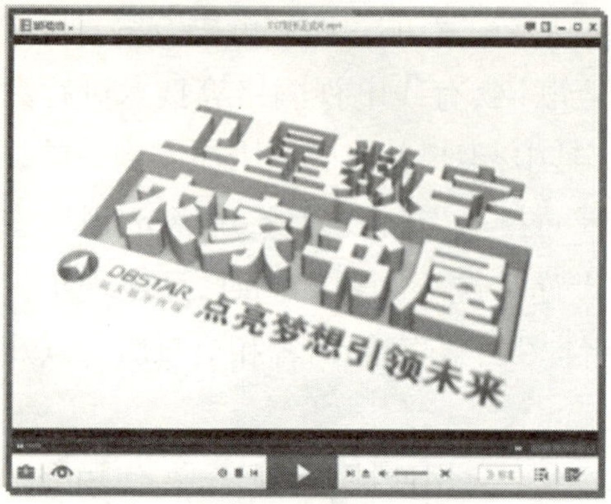

品牌宣传片，时长 5 分 13 秒，由北京电视台专业团队拍摄制作。在全国卫星数字农家书屋中投递播放。

（九）品牌海报

国家新闻出版广电总局
2015年全民数字阅读重点活动
卫星数字农家书屋
可移动的图书馆 不关门的书屋
安装移动客户端后，用卫星数字农家书屋提供的本地 WiFi免费下载图书、报纸、期刊，随取随用，让阅读时刻陪伴在您的身边！
书屋专有WiFi下载免费分享
图书报纸 精选资源 免费下载带走！
先进科技服务于民，有力保障国家重点文化惠民工程健康持续发展
服务热线
4000-300-888
服务国家重点文化惠民工程数字化建设

（十）品牌三折页

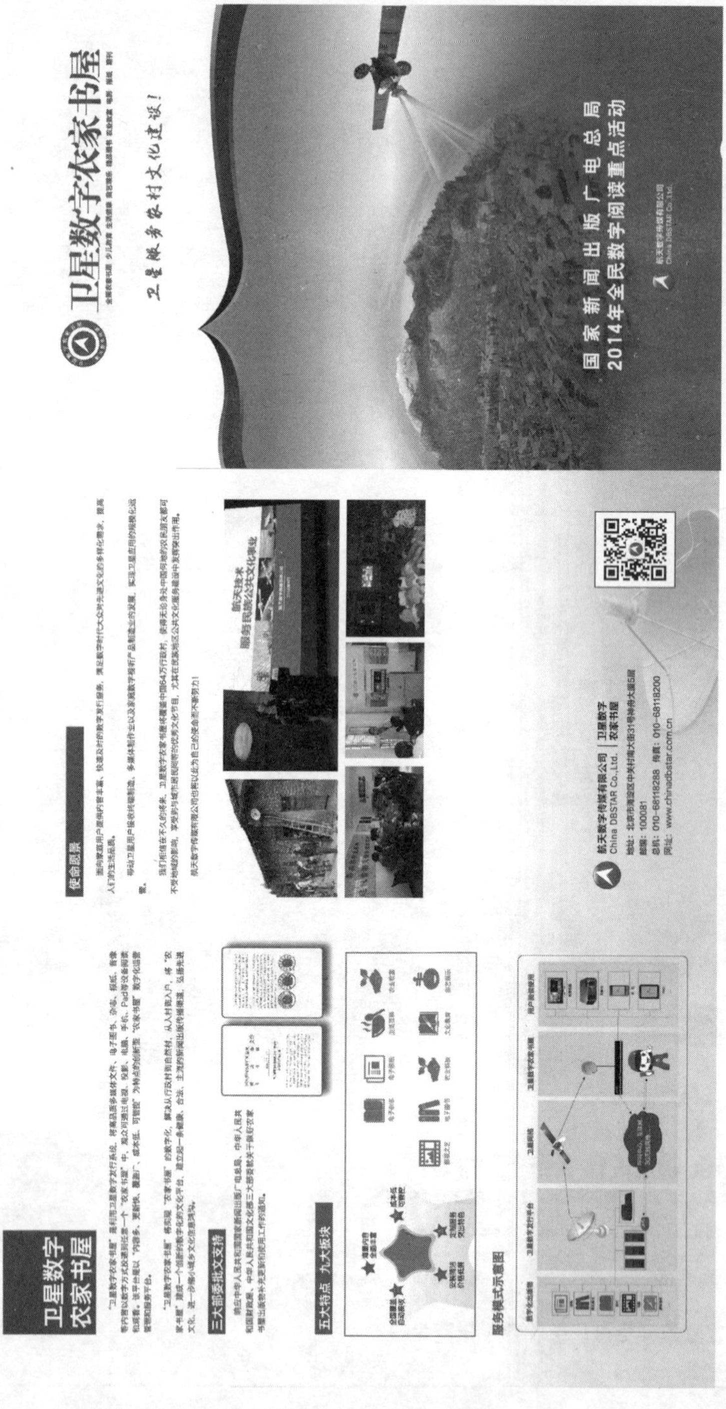
卫星数字农家书屋
卫星服务农村文化建设！
国家新闻出版广电总局
2014年全民数字阅读重点活动
卫星数字
农家书屋
三大部委批文支持
五大特点 九大板块
服务模式示意图
使命愿景

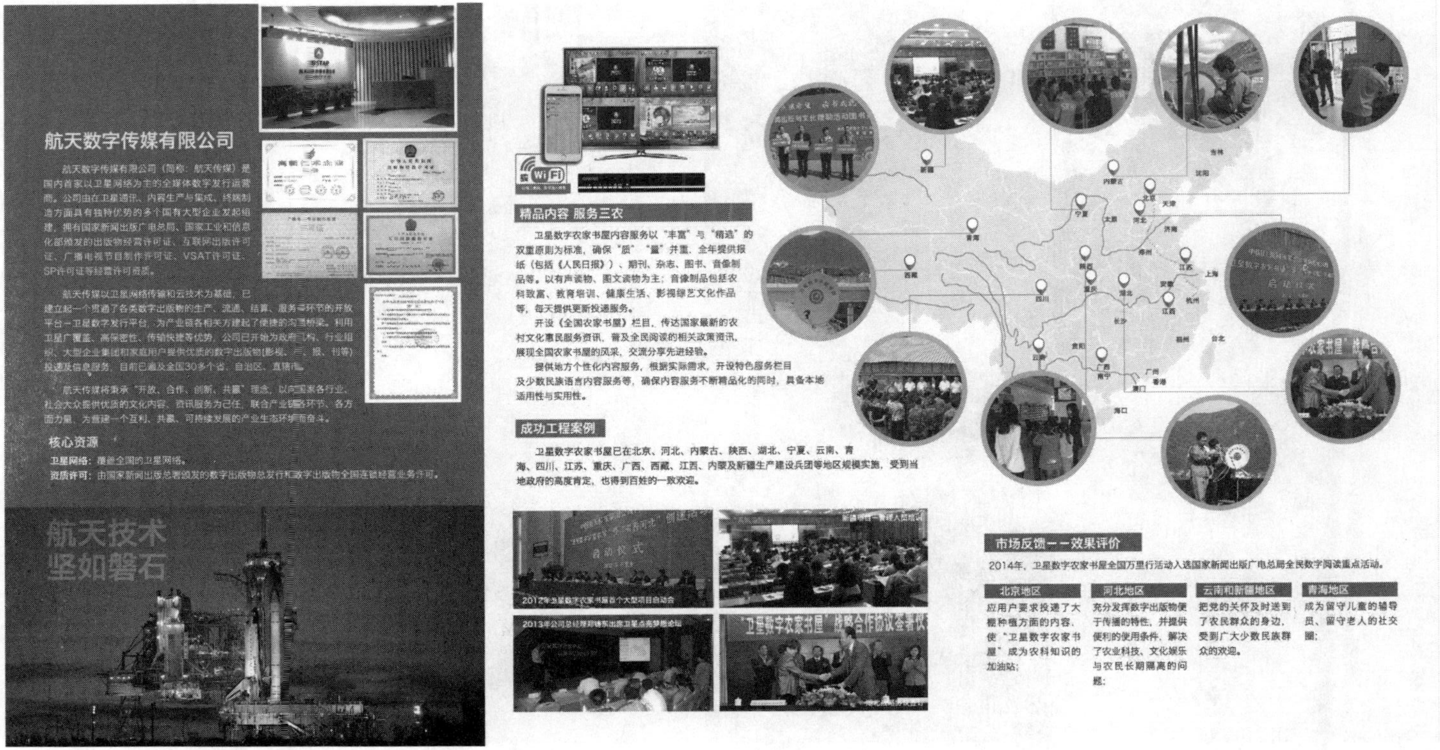

航天数字传媒有限公司

航天数字传媒有限公司（简称：航天传媒）是国内首家以卫星网络为主的全媒体数字发行运营商。公司由在卫星通讯、内容生产与集成、终端制造方面具有独特优势的多个国有大型企业发起组建，拥有国家新闻出版广电总局、国家工业和信息化部颁发的出版物经营许可证、互联网出版许可证、广播电视节目制作许可证、VSAT许可证、SP许可证等经营许可资质。

航天传媒以卫星网络传输和云技术为基础，已建立起一个贯通了各类数字出版物的生产、流通、结算、服务等环节的开放平台—卫星数字发行平台，为产业链各相关方建起了便捷的沟通桥梁。利用卫星广覆盖、高保密性、传输快捷等优势，公司已开始为政府机构、行业组织、大型企业集团和家庭用户提供优质的数字出版物(影视、书、报、刊等)投递及信息服务，目前已遍及全国30多个省、自治区、直辖市。

航天传媒将秉承“开放、合作、创新、共赢”理念，以向国家各行业、社会大众提供优质的文化内容、资讯服务为己任，联合产业链各环节、各方面力量，为营建一个互利、共赢、可持续发展的产业生态环境而奋斗。

核心资源

卫星网络： 覆盖全国的卫星网络。

资质许可： 由国家新闻出版总署颁发的数字出版物总发行和数字出版物全国连锁经营业务许可。

航天技术
坚如磐石

精品内容 服务三农

卫星数字农家书屋内容服务以“丰富”与“精选”的双重原则为标准，确保“质”“量”并重。全年提供报纸（包括《人民日报》）、期刊、杂志、图书、音像制品等。以有声读物、图文读物为主；音像制品包括农科致富、教育培训、健康生活、影视综艺文化作品等，每天提供更新投递服务。

开设《全国农家书屋》栏目，传达国家最新的农村文化惠民服务资讯，普及全民阅读的相关政策资讯，展现全国农家书屋的风采，交流分享先进经验。

提供地方个性化内容服务，根据实际需求，开设特色服务栏目及少数民族语言内容服务等，确保内容服务不断精品化的同时，具备本地适用性与实用性。

成功工程案例

卫星数字农家书屋已在北京、河北、内蒙古、陕西、湖北、宁夏、云南、青海、四川、江苏、重庆、广西、西藏、江西、内蒙及新疆生产建设兵团等地区规模实施，受到当地政府的高度肯定，也得到百姓的一致欢迎。

2012年卫星数字农家书屋各个大型项目启动会

2013年公司总经理邓谚东出席卫星点亮梦想论坛

市场反馈——效果评价

2014年，卫星数字农家书屋全国万里行活动入选国家新闻出版广电总局全民数字阅读重点活动。

北京地区

应用户要求投递了大棚种植方面的内容，使“卫星数字农家书屋”成为农科知识的加油站；

河北地区

充分发挥数字出版物便于传播的特性，并提供便利的使用条件，解决了农业科技、文化娱乐与农民长期隔离的问题；

云南和新疆地区

把党的关怀及时送到了农民群众的身边，受到广大少数民族群众的欢迎。

青海地区

成为留守儿童的辅导员、留守老人的社交圈；

（十一）品牌产品手册

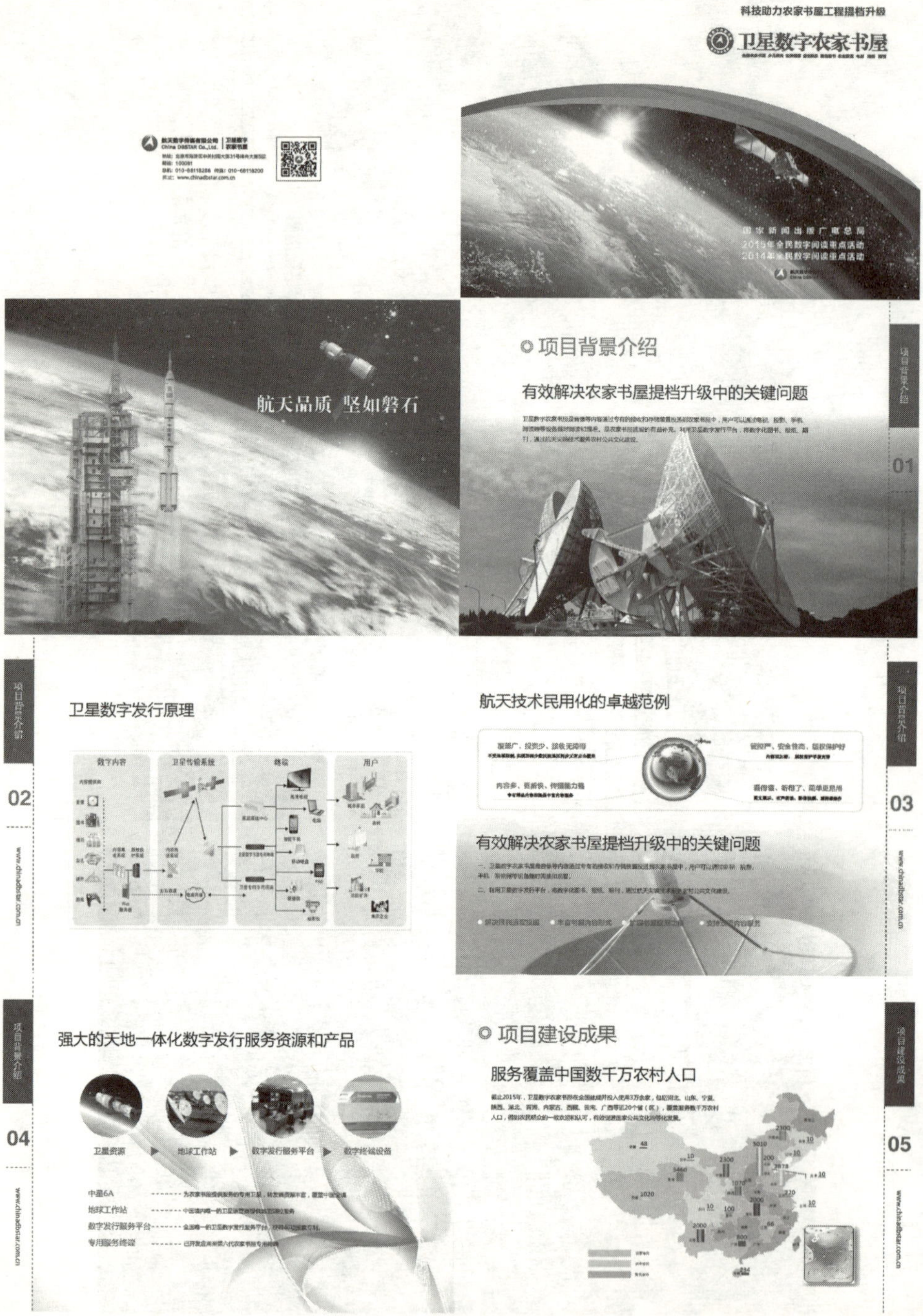

科技助力农家书屋工程提档升级
卫星数字农家书屋
航天品质 坚如磐石
项目背景介绍
有效解决农家书屋提档升级中的关键问题
01
卫星数字发行原理
02
航天技术民用化的卓越范例
有效解决农家书屋提档升级中的关键问题
03
强大的天地一体化数字发行服务资源和产品
卫星资源
地球工作站
数字发行服务平台
数字终端设备
04
项目建设成果
服务覆盖中国数千万农村人口
05
www.chinadbstar.com.cn

项目建设成果
06
www.chinadbstar.com.cn
连续两年被评为“国家新闻
出版广电总局全民数字阅读重点活动”
民族双语服务
内容特色服务
全媒体共享服务
手机下载图书
pad阅读图书

以精挑细选的精品内容库切实服务“三农”
卫星数字农家书屋
项目建设成果
07
www.chinadbstar.com.cn

项目建设成果
08
www.chinadbstar.com.cn
满足地方个性化内容服务需求
助力民族文化的传播与推广

实现多种用户终端无缝链接的共享平台
项目建设成果
09
www.chinadbstar.com.cn

项目建设成果
10
www.chinadbstar.com.cn
让传统农家书屋更具生命力和影响力

◎ 服务保障
全方位售后支持确保良好的用户服务体验
全国客户服务中心：4000-300-888
完善的覆盖全国的服务体系
优质的快速主动的响应机制
深入的培训应用的指导保障
创建项目微信群
提供本地化及时服务
确保优质创新的服务能力
服务保障
11
www.chinadbstar.com.cn

项目长期规划
12
www.chinadbstar.com.cn
◎ 项目长期规划
卫星数字农家书屋已纳入国家“十三五”文化发展纲要

建成一站式农村公共文化资源高效整合平台
开展农村电子商务等业务平台合作
卫星数字农家书屋
项目长期规划
13

(十二)品牌荣誉

卫星数字农家书屋连续两年入选2014年、2015年国家新闻出版广电总局“全民数字阅读重点活动”，受到了农民群众的一致欢迎和认可，深入推动了全民阅读的开展，促进实现国家公共文化均等化发展，应用成效显著。

十一、栏目介绍

(一)首界面介绍

卫星数字农家书屋标准版的首界面由四个主要部分构成，左上角的图标分别为公司logo和业务logo，右上角的文字为国家新闻出版广电总局授权的重点活动字样，右下角是公司的客服电话。界面左边的静态画框呈现的是卫星数字农家书屋的宣传图，右边的动态画框会滚动播出近期全球各地重点新闻。两个画框下方为各一级栏目。

卫星数字农家书屋共有十三个一级栏目，分别为全国农家书屋、新·视闻、报纸、绘本、精品图书、农业致富、少儿教育、电影、曲艺娱乐、生活健康、全球纪录、收藏、个人中心、设置。

其中，地方特色版在标准版的基础上增加了一个当地特色栏目。

特色栏目的内容均由当地相关部门提供，内容形式不受限。

（二）二级、三级栏目介绍

点击每个一级栏目后会进入二级栏目。

1.进入一级栏目全国农家书屋后，呈现的是二级栏目政策资讯，它的内容是以视频的形式展现关于全国农家书屋的新闻、最新政策及相关纪录片。

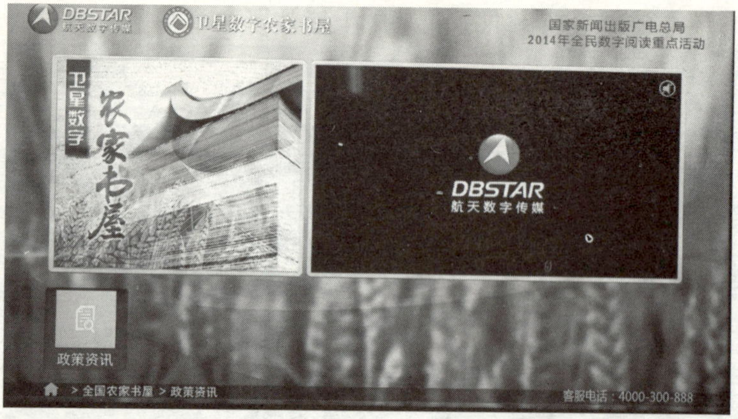

2.进入一级栏目新·视闻后呈现的是二级栏目新华炫视、新华炫图及微视评。

新华炫视和新华炫图均以视频形式展现最新最炫的各类趣味资讯。

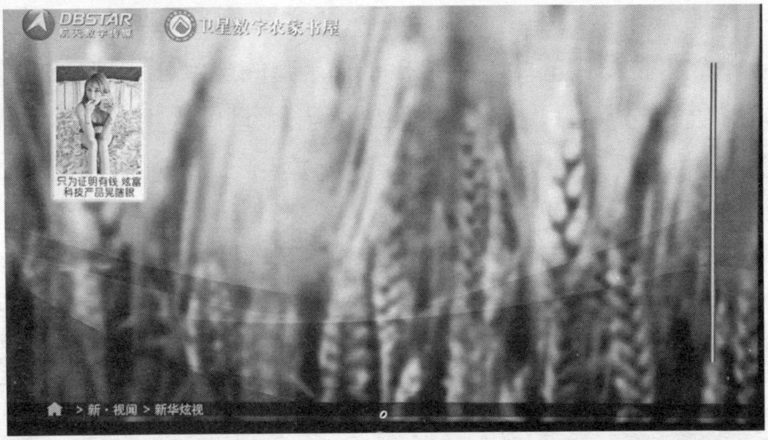

微视评是以视频方式针对时下最热门话题进行分析评论。

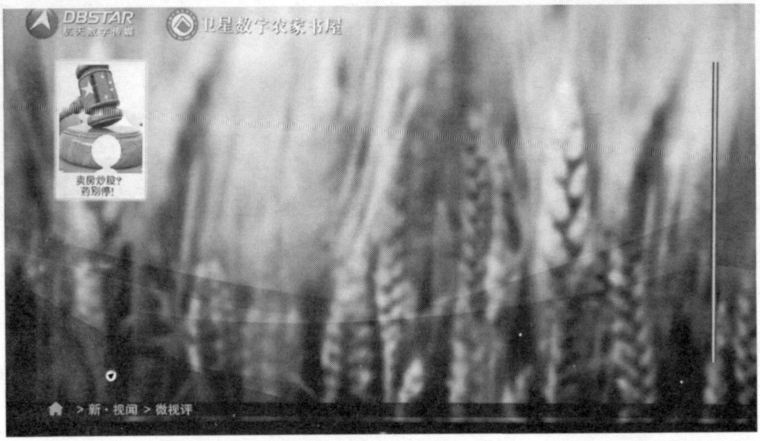

3.进入一级栏目绘本后呈现的二级栏目分别是国学启蒙和童话故事。国学启蒙栏目中的绘本注重培养孩子们从图文并茂的经典传统文化中获取快乐。童话故事栏目中的绘本带给孩子们丰富的想象，活跃他们的思维，生动的形象和美妙的故事可以帮孩子们认识社会、理解人生。

4.进入一级栏目报纸后，可按地区进行索引，地区分类分别为全国、华北、华东、华南、华中、东北、西南、西北。

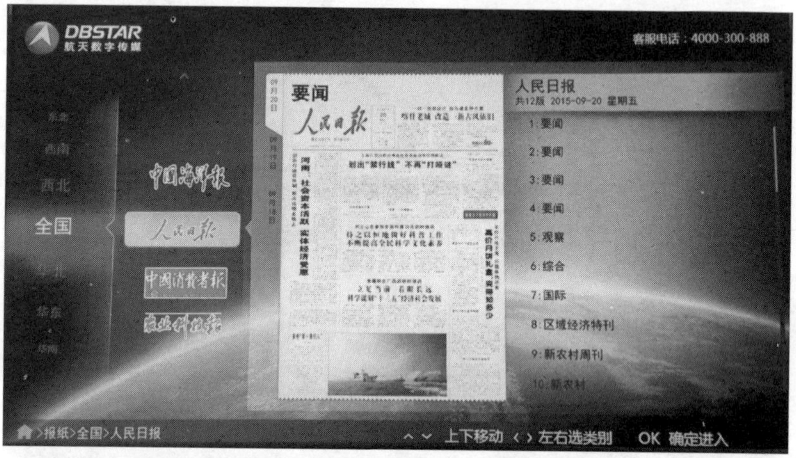

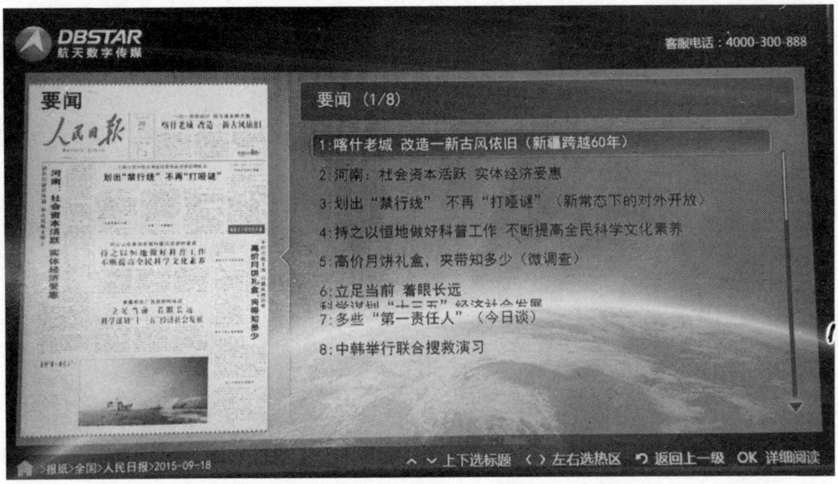

以《人民日报》为例，选中目标报纸后，按确认键进入菜单，上、下、左、右键进行版面选择，再按确认键便可进行具体内容阅读。

5.进入一级栏目精品图书后呈现的二级栏目分别为文化类、其他类、少儿类、农科类和生活类。此五类图书均为精挑细选具有代表性的图书，可促进大人和孩子共同学习进步。

DBSTAR
航天数字传媒
客服电话：4000-300-888
生活类
文化类
其他类
少儿类
农科类
《农民人身赔偿法律案例精讲》
《农民经商理财法律案例精讲》
农民经商理财
法律案例精讲
杨家学
内容简介：
本书主要立足于农民如何依法从事经营活动，通过对典型案例的分析及链接最新法律介绍相关法律知识，让农民群众从一个个鲜活真实的法律案例中学懂法、会用法。
OK 播放书目
上一类别 | 下一类别
上一本 | 下一本
快退 上五本 | 快进 下五本

DBSTAR
航天数字传媒
客服电话：4000-300-888
其他类
少儿类
农科类
生活类
文化类
《南方肉用山羊养殖新技术》
《鸡病诊治一点通》
鸡病诊治
一点通
黄占欣
内容简介：
本书注重突出鸡病每一疾病的诊断和治疗的关键技术，涉及鸡病的综合防治关键技术、预防措施、鸡群发生疫情时的应急措施和诊治等，均以简明扼要的语言阐述。
OK 播放书目
上一类别 | 下一类别
上一本 | 下一本
快退 上五本 | 快进 下五本

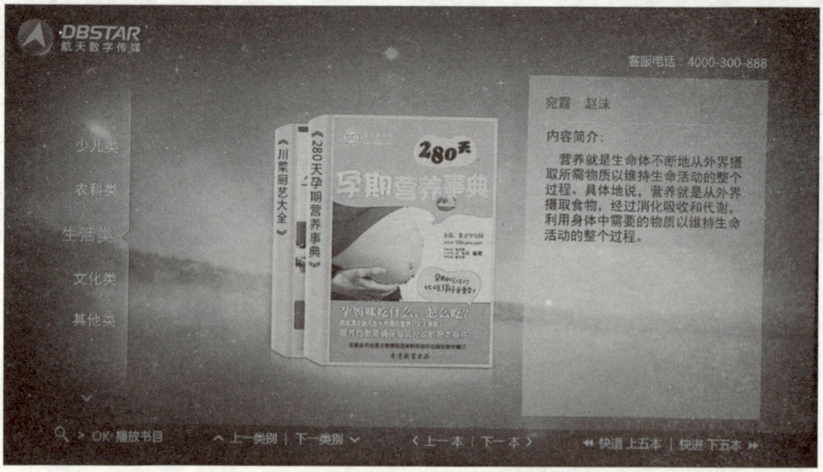
DBSTAR
航天数字传媒
客服电话：4000-300-888
少儿类
农科类
生活类
文化类
其他类
《川菜厨艺大全》
《280天孕期营养事典》
280天
孕期营养事典
宛霞 赵沫
内容简介：
营养就是生命体不断地从外界摄取所需物质以维持生命活动的整个过程。具体地说，营养就是从外界摄取食物，经过消化吸收和代谢，利用身体中需要的物质以维持生命活动的整个过程。
OK 播放书目
上一类别 | 下一类别
上一本 | 下一本
快退 上五本 | 快进 下五本

6.进入一级栏目农业致富后，呈现的二级栏目分别为种植、养殖、农机、致富典范。此四类二级栏目均以视频形式为农民朋友们讲述关于农业的方方面面的知识，帮助他们掌握权威的种养殖技术，科学致富。

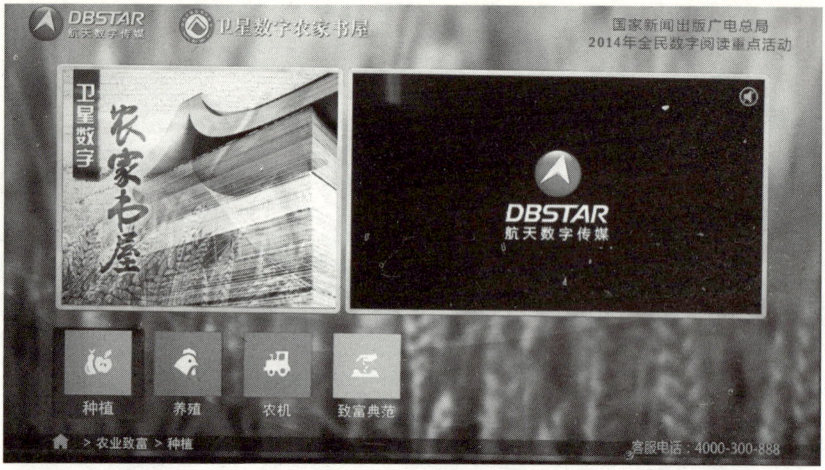
DBSTAR
航天数字传媒
卫星数字农家书屋
国家新闻出版广电总局
2014年全民数字阅读重点活动
DBSTAR
航天数字传媒
种植
养殖
农机
致富典范
> 农业致富 > 种植
客服电话：4000-300-888

DBSTAR
航天数字传媒
卫星数字农家书屋
寻找雪莲
葡萄架下养黄鳝
核桃双舌嫁接技术
> 农业致富 > 种植

DBSTAR
航天数字传媒
卫星数字农家书屋
林麝养殖
黄鳝的病害防治
池塘网箱养鳝
生态池里养黄鳝
> 农业致富 > 养殖

7.进入一级栏目少儿教育后，呈现的是二级栏目空中幼儿园、小学教育、课外教育、历史讲堂。

空中幼儿园是一档专门为小朋友推出的栏目,每天都会更新,采用图文并茂、语音讲解的形式,为孩子们提供很好的早教平台。

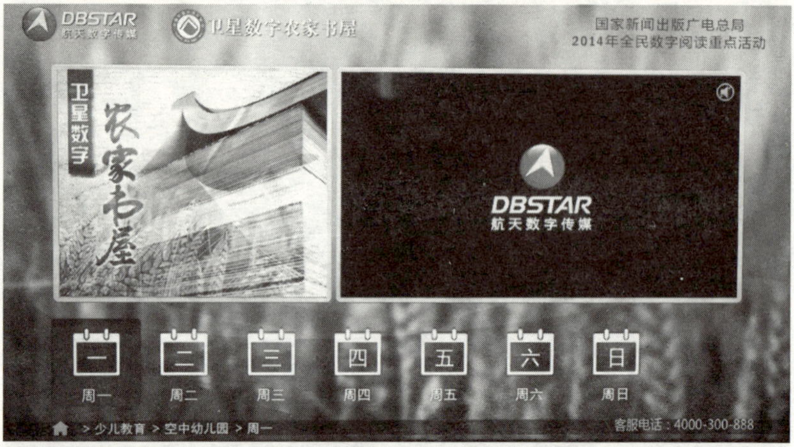

DBSTAR
航天数字传媒
卫星数字农家书屋
英语
Family
综合
甜甜的糖
唱跳
小扫帚奇遇记
语文
数学
寻找另一半
英语
Red,Yellow,Blue
> 少儿教育 > 空中幼儿园 > 周三

DBSTAR
航天数字传媒
卫星数字农家书屋
综合
甜甜糖儿滋味好
语文
汉字变身-人体篇
英语
Lazy Mary
英语
Occupations(1)
科学
小动物的爸爸
综合
妹妹背着洋娃娃
> 少儿教育 > 空中幼儿园 > 周四

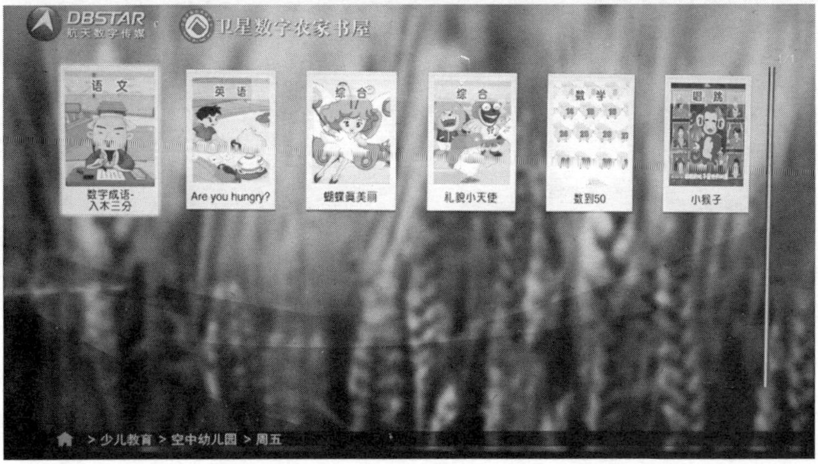
DBSTAR
航天数字传媒
卫星数字农家书屋
语文
数字成语-入木三分
英语
Are you hungry?
综合
蝴蝶真美丽
综合
礼貌小天使
数学
数到50
唱跳
小猴子
> 少儿教育 > 空中幼儿园 > 周五

小学教育栏目为广大适龄儿童提供了一个轻松学习英语的好机会，如《洪恩英语》就是专门为少儿采购的图文并茂的英语教学课件。

课外教育栏目又分为儿童科普和中华美德两个三级栏目。

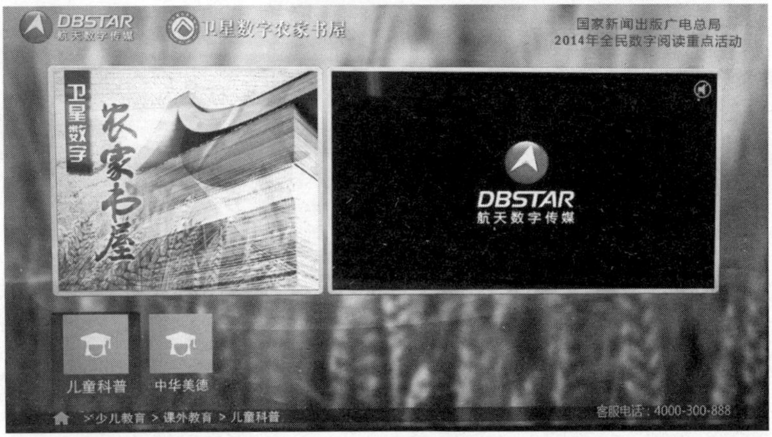

儿童科普是以视频形式为少年儿童普及各类历史、科学知识的栏目。

中华美德栏目以动画片形式为少儿讲述中华民族传统美德故事。

历史讲堂用生动的动画片为少年儿童展现著名的历史故事。

8.进入一级栏目电影后，呈现的是近期/近年的高清优秀国内外影片，其中包括好莱坞商业大片以及国内外优秀院线影片。

9.进入一级栏目曲艺娱乐后，呈现的是集体舞、综艺娱乐、梨园采风三个二级栏目。

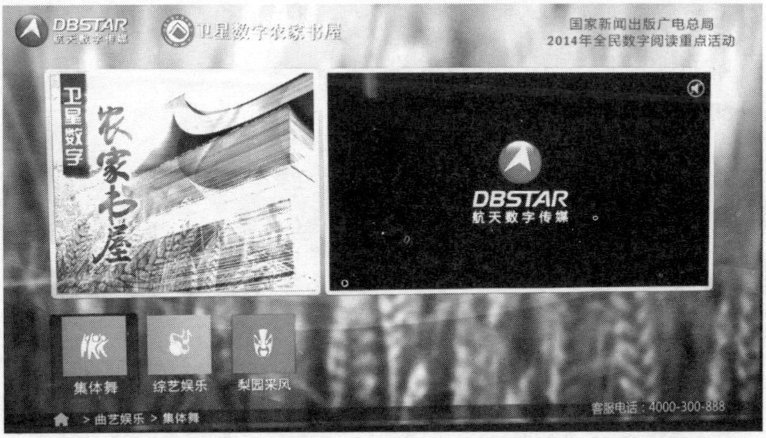

集体舞栏目为广大用户提供了健身舞蹈教学视频,是健康的休闲娱乐栏目。

综艺娱乐栏目为用户呈现的是历年来经典的综艺晚会集锦。

梨园采风是专门为各戏曲之乡的用户提供戏曲欣赏的特色栏目。每年会根据不同的地域投放不同的戏曲选段。

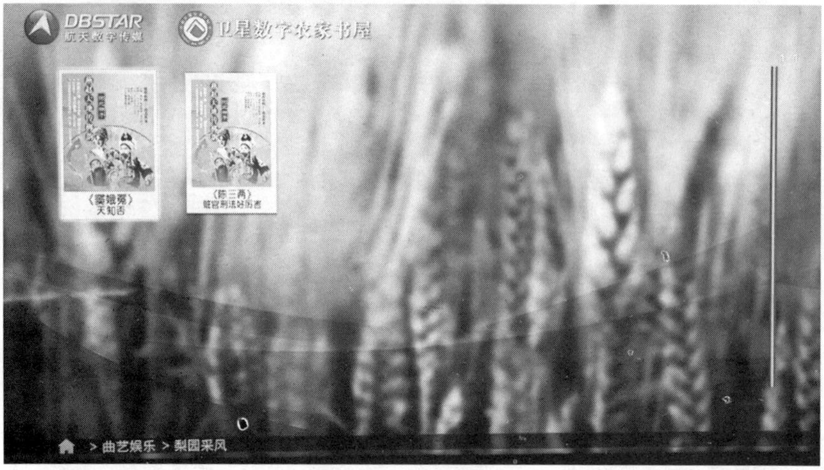

10.进入一级栏目生活健康后,呈现的是健康卫生、法律常识、技能培训三个二级栏目。

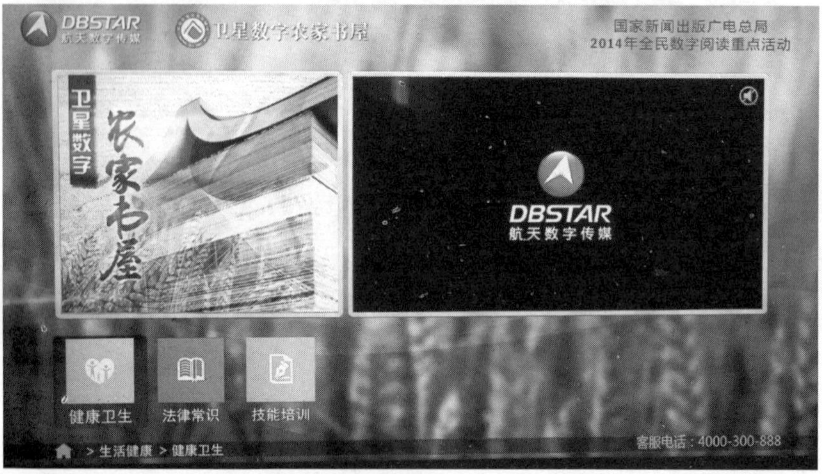

健康卫生栏目是一档养生类节目,旨在为用户提供包括养生保健在内的各类生活常识。

法律常识是以视频为主的法律常识普及栏目，旨在为受众解答生活中常见的法律问题。

技能培训栏目是以视频为主，为待业或创业人员提供技能培训的栏目，涉及内容、领域广泛。

11.进入一级栏目全球纪录后，呈现的是二级栏目中国纪录和 BBC 纪录。

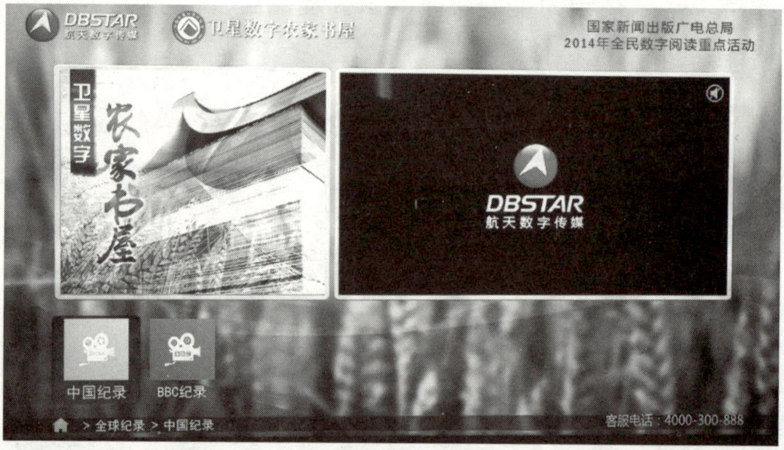

中国纪录栏目呈现的是国内各类高清优秀纪录片。

BBC 纪录是经英国 BBC 公司授权后投递的高清 BBC 优秀纪录片，每部纪录片均有准确的汉语字幕。

12.进入一级栏目收藏后，将显示影片收藏和剧集收藏。此栏目的主要功能是为用户提供节目收藏功能，可将用户喜欢的节目进行分类收藏，以便下次观看。

13.个人中心栏目为用户提供了终端、智能卡、信号连接、每日投放节目单的各类信息以及遥控器和终端的使用说明，以便用户更好地了解本产品。

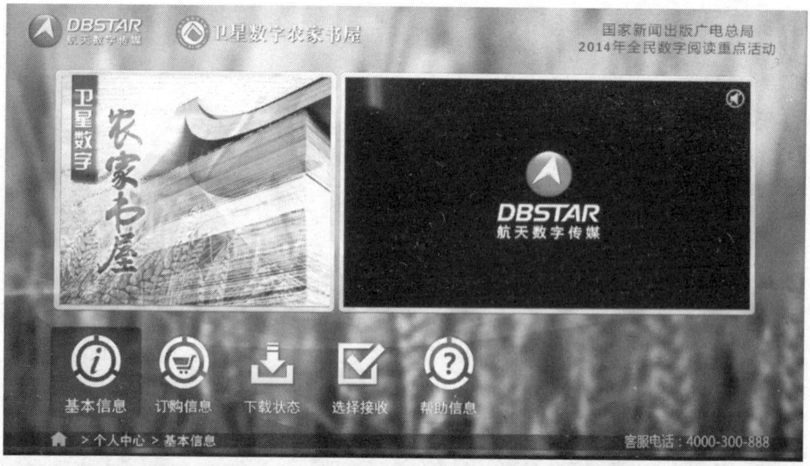

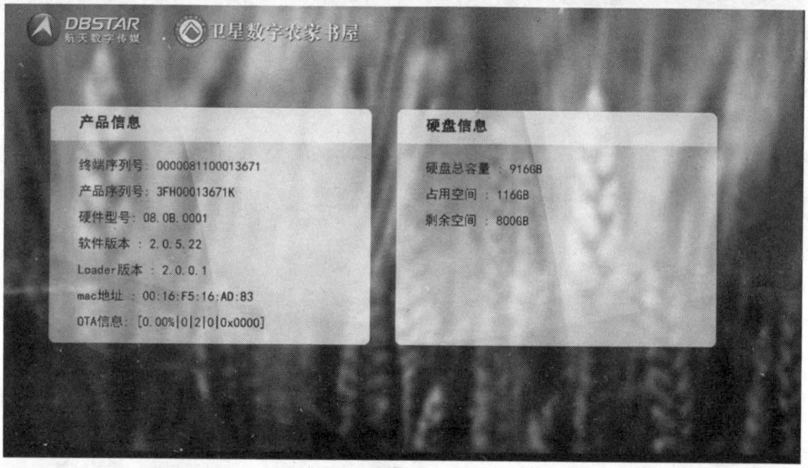

下载状态可查看当天下载的新内容及下载完成的进度情况。

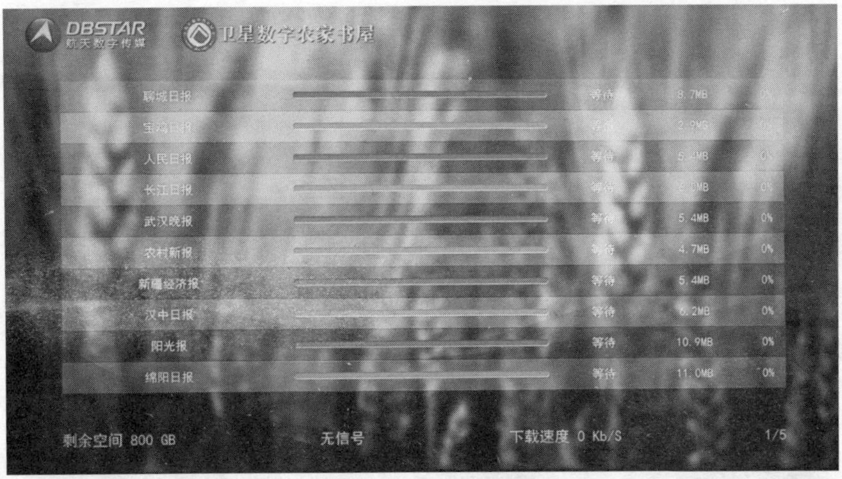
DBSTAR
航天数字传媒
卫星数字农家书屋
聊城日报
人民日报 等待 5.4MB 0%
长江日报
武汉晚报 等待 5.4MB 0%
农村新报 等待 4.7MB 0%
新疆经济报 等待 5.4MB 0%
汉中日报 等待 0%
阳光报 等待 10.9MB 0%
绵阳日报 等待 11.0MB 0%
剩余空间 800 GB
无信号
下载速度 0 Kb/S
1/5

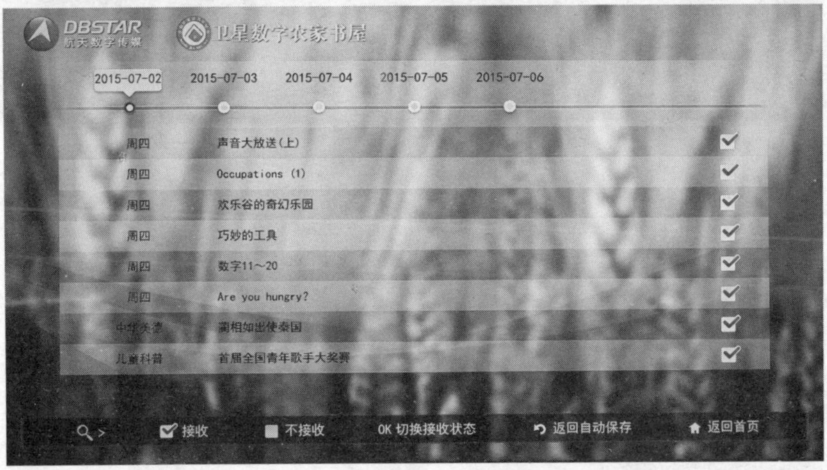
DBSTAR
航天数字传媒
卫星数字农家书屋
2015-07-02 2015-07-03 2015-07-04 2015-07-05 2015-07-06
周四 声音大放送（上）
周四 Occupations (1)
周四 欢乐谷的奇幻乐园
周四 巧妙的工具
周四 数字11～20
周四 Are you hungry?
蔺相如出使秦国
儿童科普 首届全国青年歌手大奖赛
接收
不接收
OK 切换接收状态
返回自动保存
返回首页

DBSTAR
航天数字传媒
卫星数字农家书屋
遥控器使用说明
参数设置信息
常见故障排除
富媒体阅读器下载
遥控器使用说明：
【电源】键：实现终端待机切换功能；
【静音】键：实现终端静音功能的设置和关闭功能的切换；
【音轨】键：在多音轨的视频节目播放过程中，使用该键实现音轨间的切换；
【信息】键：在视频节目播放的过程中，按信息键，可以查阅该界面的信息，并且可以选择播放的顺序，即从头播放还是断点续播；
【OK】键：作为遥控器的确认按键使用；
在节目播放的过程中，作为暂停和播放的切换键使用；
【↑】【↓】键：移动焦点沿上下方向移动；
节目播放的时候作为音量的增加和减少的操作键；
【←】【→】键：移动焦点沿左右方向移动；
节目播放的时候作为快退和快进操作键使用；
【返回】键：停止当前操作返回上一级操作；
【主页】键：无论在何种操作界面，直接返回主界面；

14.设置栏目需要用户在初次使用产品时对终端进行各类数据设置，操作极其简单易懂。

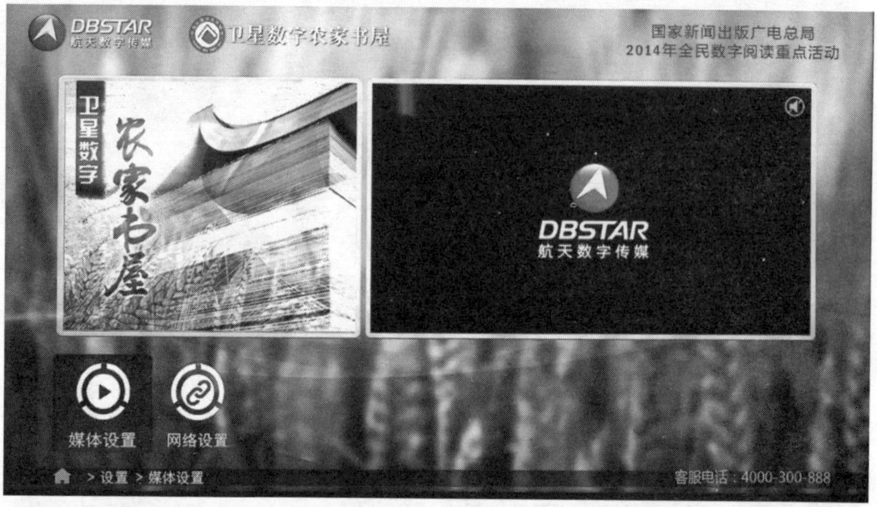

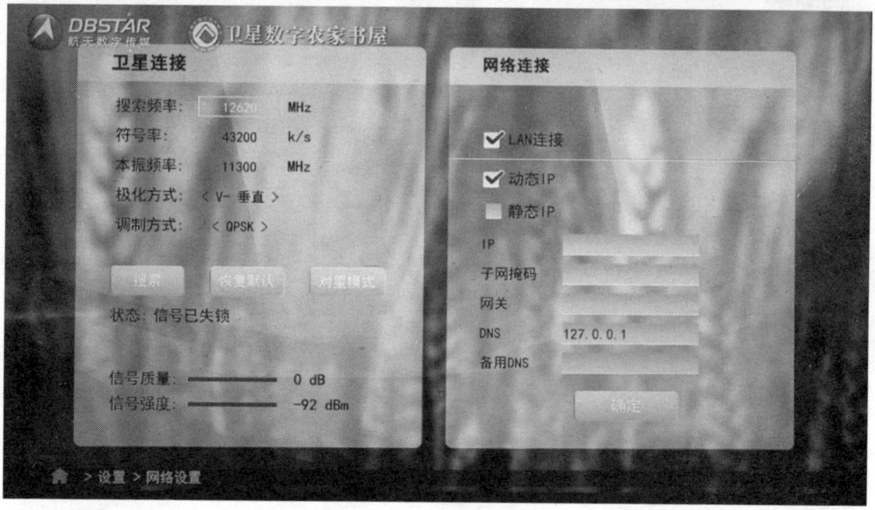

第二章　卫星数字农家书屋管理维护使用

一、卫星数字农家书屋设备操作说明

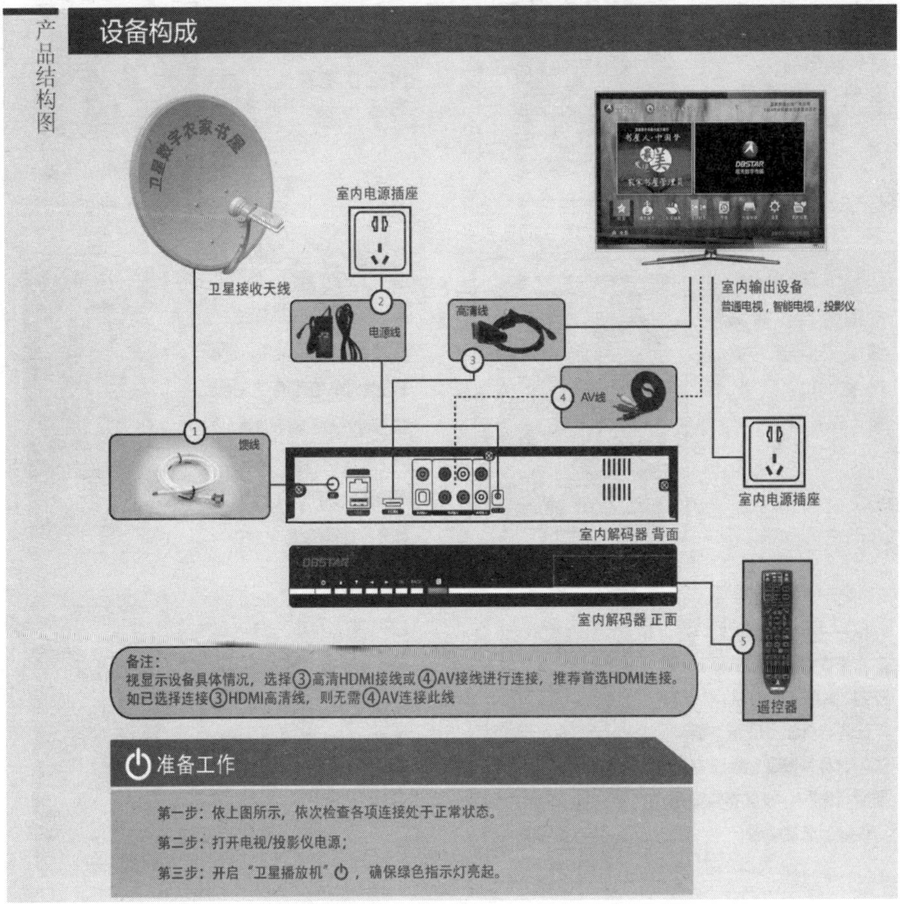

卫星数字农家书屋设备构成图

开 机

打开电视/投影仪电源后，用电视遥控器点选“节目源”（或“AV/TV”，或“视频”）按键，选择到连接“卫星播放机”的信号源。

开启“卫星播放机”电源，绿色开机指示灯亮起，电视/投影仪上显示出“卫星数字农家书屋”主界面。

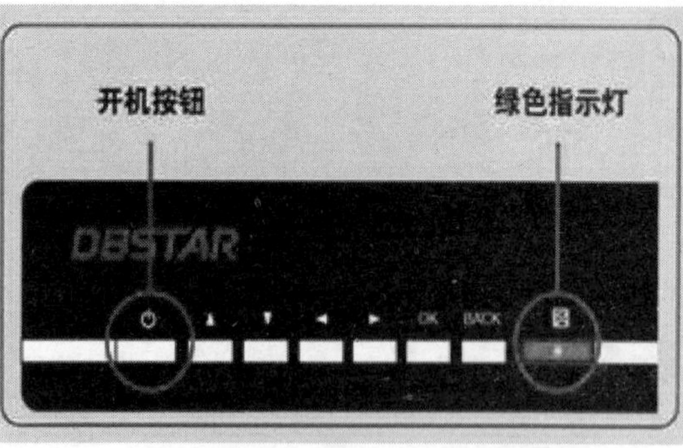

选择节目

使用遥控器的上下左右图，选择到想要观看的栏目和节目上，按中间的“确定”即可阅读使用。

退出所选节目

按遥控器“返回”键，可退出正在观看的节目。

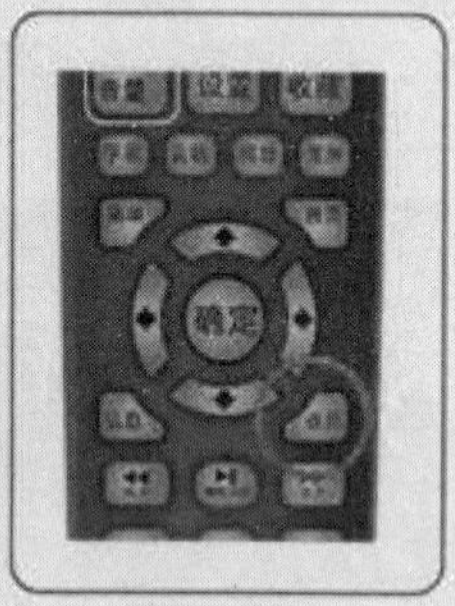

回到首页

按遥控器“首页”键或“返回”键，可直接回到主界面，即首页。

调节音量

播放有声图书和视频时，按遥控器(上下键图)，选择音量大小；在没有进入播放状态时，无法调节音量。同时，音量调节时，可选择调节电视机或所连接的音响设备进行音量控制。

保留喜爱的节目

选择喜欢的图书或节目，点遥控器“信息”按钮，选择“保留”所选内容界面出现“留”字标识，该内容将长期保留收藏在“卫星播放机”中，在其有效期内，可供随时阅读观看。

关 机

关闭遥控器上红色“待机”按钮，关闭电视/投影仪。

注意：保持“卫星播放器”电源线处于正常连接状态，确保后台每天正常接收最新内容。

卫星数字农家书屋设备操作示意图

二、卫星数字农家书屋主要应用场景推介

(一)应用场景一　阅读报纸

卫星数字农家书屋中投递的电子报纸

(二)应用场景二　阅读电子绘本

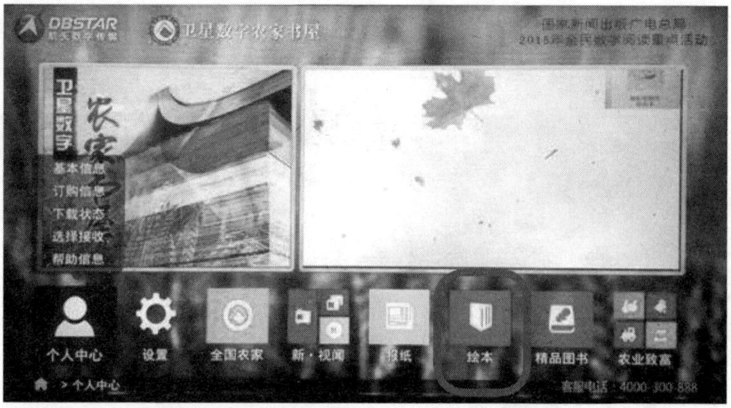

四川雅安小朋友阅读卫星数字农家书屋中的电子绘本读物

(三)应用场景三　阅读精品图书

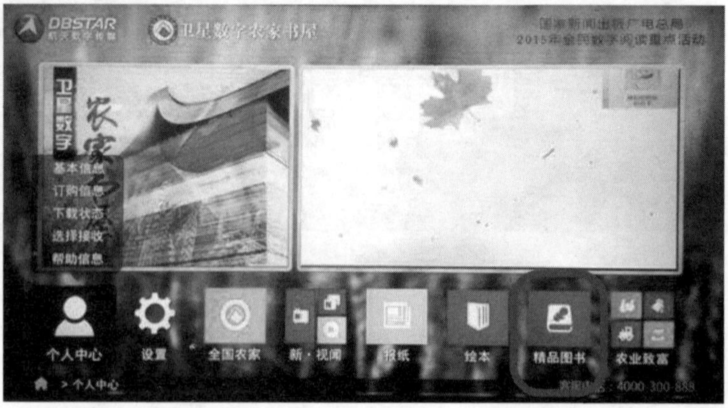

村民阅读卫星数字农家书屋中的精品图书

(四)应用场景四　学习农业致富知识

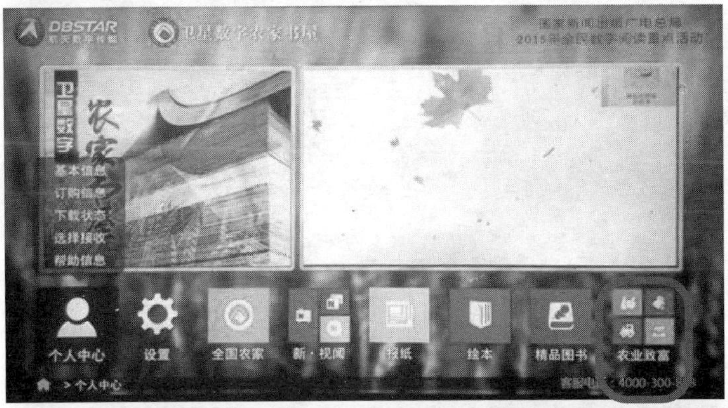

陕西柞水东甘沟村村民在卫星数字农家书屋中学习农业致富知识

(五)应用场景五　学习少儿教育内容

小学生学习卫星数字农家书屋中的少儿教育内容

(六)应用场景六　电影欣赏

观看卫星数字农家书屋中的影片

三、卫星数字农家书屋主要功能推介

通过卫星数字农家书屋可以实现多种用途，其中部分用途如下。

（一）阅读电子报

通过卫星数字农家书屋可以浏览每日最新的报纸资讯，100 余种报纸，天天更新，可以满足读者日常新闻资讯需求。

（二）阅读电子绘本

通过卫星数字农家书屋可以浏览阅读电子绘本，更新及时，可以满足读者日常阅读需求。

（三）阅读精品图书

通过卫星数字农家书屋可以阅读电子精品图书，每年 1500 余册图书，更新及时，可以满足读者日常阅读需求。

（四）学习农业致富技术

通过卫星数字农家书屋可以浏览农业致富栏目精彩内容，学习农业致富技术，及时了解栏目资讯，学习成功人士的致富经验。

（五）学习少儿教育内容

通过卫星数字农家书屋可以组织学校学生、幼儿园小朋友观看精品儿童教学片及幼儿教育内容，丰富农村少年儿童课外文化生活。

(六)电影欣赏

通过卫星数字农家书屋点播精彩的电影节目,每天更新一部,可以满足人们的日常娱乐需求。

四、卫星数字农家书屋的管理

(一)内容管理

与国内外优秀内容商合作,确保内容正版化;完善内容制作审核流程,严格执行"三审三校"制度。

以入选农家书屋重点图书推荐目录为指导,精准投递广大农村群众喜闻乐见、切实需要的各类数字化文化服务内容,包括农业科技、教育培训、健康生活、综艺文化、影视作品六大类,数千小时时长、数百部视频节目;图书、报纸、杂志等数字读物2000余份。各类数字化文化服务内容在全国范围内无死角、全天候、安全可靠投递。

为了满足不同地域内容投递的个性化需求,逐步与各省内容提供商建立合作关系,吸引更多的当地资源加入到农家书屋服务中。针对规模用户地区,开设特色服务栏目,提供地方个性化内容服务,如面向河北、云南、青海地区开发特色栏目《燕赵大地》《彩云之南》《大美青海》。积极开发藏语、维吾尔语、蒙古语、傣语等民族语言内容投递服务业务,卫星数字农家书屋成为服务民族地区的重要宣传载体之一。

(二)管理员管理

●定期对书屋管理员进行培训;

●定期电话回访管理员,了解书屋经营状况;

●定期巡检,解决书屋存在的问题;

●举办优秀书屋管理交流座谈会;

●表彰优秀管理员。

(三)建立模范示范书屋

●引导书屋开展专题活动;

●示范点观摩。

五、卫星数字农家书屋的维护

(一)用户使用

准备工作

第一步：依上图所示，依次检查各项连接处于正常状态。

第二步：打开电视/投影仪电源；

第三步：开启“卫星播放机”⏻，确保绿色指示灯亮起。

管理维护

1. 设备不断电、天天新内容

确保“卫星播放机”每天保持开机状态，无需人工操作，自动进行最新内容的下载更新。

注：更新时可关闭显示设备。

2. 查看正在下载内容的状态

选择“设置”栏目，点选“下载”，可以查看当天正在下载的新内容及下载完成进度情况。

(二)安装选址

●选定的安装位置前方不能有遮挡，如高层建筑、树木等。

●如装在楼房内，一般需有向南或向东的窗户，并选择便于固定天线的墙面。

●选择风荷小，不影响采光的安装位置，并考虑利于布线。

●避雷:安装在顶楼的话,最好远离或低于避雷设施。

六、卫星数字农家书屋日常管理

制作卫星数字农家书屋日常管理使用记录,请书屋管理员认真做好每次使用记录,航天数字传媒有限公司定期进行回访,每年开展有奖回收使用记录活动,并根据记录中反馈的使用需求,调整完善卫星数字农家书屋投递栏目,更好地服务于广大基层农村人民群众。

卫星数字农家书屋管理员手册封面

卫星数字农家书屋

贴照片处

贴照片处

工作记录表

卫星数字农家书屋管理工作记录表

日期	年 月 日	参加人数	□10人以下 □10-20人 □50人以上	
主题		参加对象	□老年人 □妇女 □儿童 □种养殖户	
栏目	□全国农家书屋 □报纸 □期刊 □精品图书 □农科致富 □少儿教育 □生活健康 □电影 □曲艺娱乐			
内容	名称		时长	
	名称		时长	
活动说明	活动情况			
	对内容的需求		管理员签字:	

卫星数字农家书屋管理员手册内页

第三章　卫星数字农家书屋用户服务

一、内容服务保障

内容服务需求	保障措施
第一类　党和国家的最新政策法规和时政新闻。	在已有卫星数字农家书屋专有内容库的基础上，构建精品资源集成服务平台，重点进行党报党刊、主流出版物的数字出版资源整合。
第二类　具有本地特色的种养殖类农业科技知识、农技培训及农业资讯。	逐步构建各省(区、市)本地化内容服务模式，提供具有本地适用性与实用性相结合的个性化内容服务。
第三类　少年儿童教育辅导内容、保健医疗知识、法律常识等方面需求。	不断增加贴近农民生产生活的内容服务，注重农村题材、农民题材和农民群众喜闻乐见的优秀内容。
第四类　反映本民族及本民族语言、本地特色的内容。	逐步形成民族化内容服务，对于云南、西藏、新疆、内蒙古、宁夏、四川等地，通过主要少数民族语种优秀出版资源的整合和传播，提供民族化的内容服务。

二、技术服务保障

卫星数字发行技术作为航天尖端科技在新闻出版和文化传播领域的创新应用，历经两年多时间，投入大量人力物力，并不断探索与研究。构建的卫星数字发行平台，已具备完善的数字出版物制作转换、数字版权保护(DRM)、投递推送、接收解码、存储播发及用户应用之间的协调匹配与多屏互动分享阅读功能。而此时此刻，为卫星数字农家书屋工作服务的卫星（中星 6A）正运行于太空中东经 125°同步卫星轨道，其覆盖中国全境，地面测控系统与数据中心就位于全国最大的北京地球工作站。300 余人的专业技术团队、运营团队和维护服务团队全天 24 小时不间断地为卫星数字农家书屋提供运维保障，完全具备为全国千万量级农家书屋用户服务的能力。

三、售后服务保障

卫星数字农家书屋具备完善的覆盖全国的服务体系，优质的、快速主动的响应机制及深入的培训应用指导保障，为农家书屋的安全运行、健康发展提供全方位的支持。

拥有完善的覆盖全国的服务体系。通过专业的服务队伍、完善的工作机制及成熟的分级服务管理平台，不仅提供安装、维护等客户服务的基础功能，还通过电话与实地现场服务两种模式，对用户定期进行回访、巡检、需求调查等，并与项目落地单位建立联动服务关系，实现服务本地化，为用户提供全方位服务保障。

建立了优质的快速主动响应机制。通过快速的服务响应和主动的服务意识，实现了项目建设和运行管理并重的保障服务。通过 7×14（每周 7 天，每天 14 小时）的全国客服 400 电话提供即时、快速的服务响应，并在服务中给予使用者最直接、有效的解决方案指导。

全方位售后支持确保良好的用户服务体验

四、未来发展

(一)优化农村公共文化资源

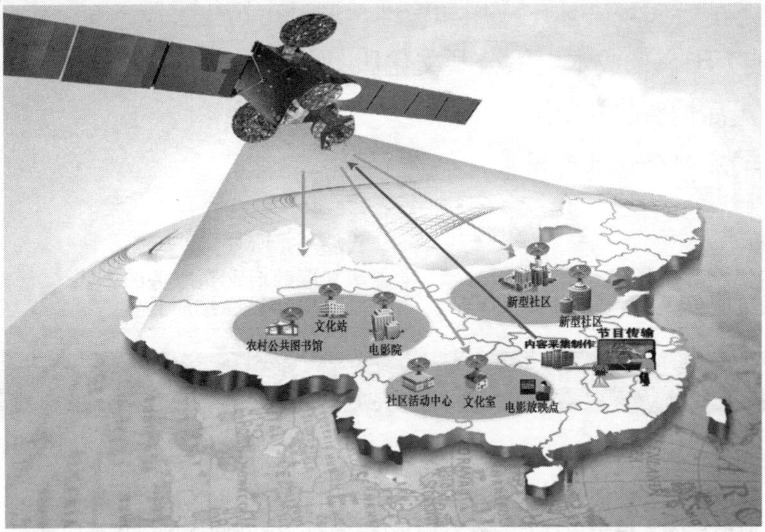

通过卫星数字发行平台可服务多个公共文化项目,起到资源共享、统一管理、效果评估及时的作用。如:将农村公共图书馆、文化室(站)、电影放映流动与固定结合等文化项目,通过这一个平台实现多项服务,高效整合资源,避免了重复建设,将最大化服务于基层农民群众。

(二)结合农村电子商务开拓新路径

在 2015 年中央一号文件《关于加大改革创新力度,加快农业现代化建设的若干意见》中提到,加强涉农电子商务平台的建设,开展电子商务进农村综合示范。利用"互联网+卫星网"双通信手段,卫星数字农家书屋与农村电子商务能够实现一体化应用和管理。通过市场化手段,在一定规模基础上,既能为国家低成本提供公共文化服务,又能实现自身运营,为农村老百姓打通灵活消费的新渠道。

(三)定制个性服务模式

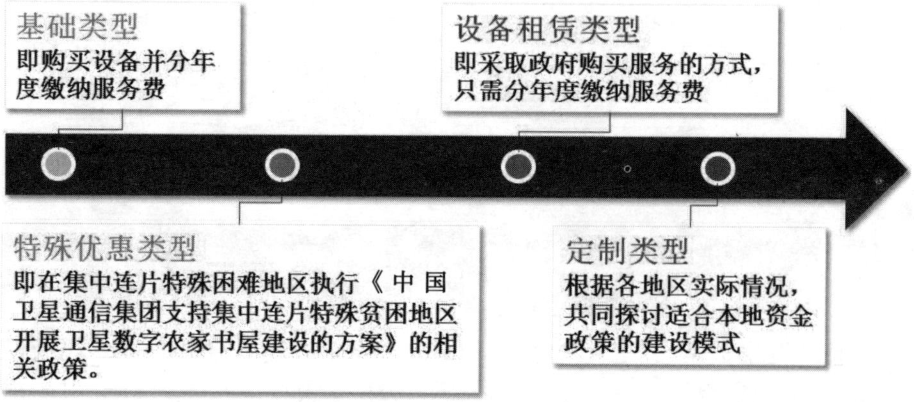

根据国家对农家书屋专项补充更新资金的相关政策和各地的资金情况,制定多种解决方案。如:基础类型,即购买设备并分年度缴纳服务费;特殊优惠类型,即在集中连片特殊困难地区、民族地区执行《中国卫星通信集团支持集中连片特殊贫困地区开展卫星数字农家书屋建设的方案》的相关政策;设备租赁类型,即采取政府购买服务的方式,只需分年度缴纳服务费;定制类型,即根据各地区实际情况,共同探讨适合本地资金政策的建设模式。

第四章　卫星数字农家书屋的推广

在国家新闻出版广电总局和各省、市、自治区新闻出版广电部门的指导下，自 2011 年以来，卫星数字农家书屋在全国建成并投入使用 3 万余家，包括山东、河北、青海、内蒙古、西藏、云南、广西等 20 个省(区)，服务覆盖数千万农村人口。卫星数字农家书屋 2014 年、2015 年连续两年入选国家新闻出版广电总局全民数字阅读重点活动，受到了农民群众的一致欢迎和认可，深入推动了全民阅读的发展，促进了国家公共文化均等化发展，应用成效显著，尤其在以下方面具有显著特色。

民族双语服务——在民族地区开展双语内容服务。西藏、青海率先投递本民族语言节目内容。

藏语版卫星数字农家书屋

内容特色服务——按照区域和服务群体的不同提供不同的内容服务。如重庆的山区小学、山东新型社区、内蒙古边防哨所等。

个性化定制服务——为有个性化需求的省份定制开发专有栏目。

如：面向河北省开发的特色栏目——燕赵大地。

面向云南省开发的特色栏目——彩云之南。

面向青海省开发的特色栏目——大美青海。

全媒体共享服务——卫星数字农家书屋接收终端作为随时更新的村级信息中心，应用 WIFI 免费分享到手机、PAD 等个人移动终端上，保障了读者个性化的阅读需求，把农家书屋变为 24 小时书房，真正把书屋开到农村百姓身边。

项目应用至今，由于投递及时、更新快速、使用维护高效简单，有效节约了时间成本与经济成本，大大降低了风险，并通过不断丰富的内容设计和富媒体呈现模式，扩展了党建、农科、教育、卫生医疗、生活百科、文化娱乐等内容，对传统书屋的内容进行了有效的补充，使用效率得到明显提升，传播能力得到进一步提高，受到广大农民群众的广泛欢迎和高度认可。

2013 年 3 月~2015 年 11 月，共开展了 8 轮大型电话回访，40 次实地走访调研工作。

2015 年 1 月~11 月，航天数字传媒有限公司对北京、河北、山东、内蒙古、西藏、青海、云南、广西、湖北的 17668 家卫星数字农家书屋进行了有效回访，80%的调查对象表示经常使用卫星数字农家书屋，92%的调查对象表示卫星数字农家书屋的应用提升了农家书屋的吸引力。评估结果显示，卫星数字农家书屋除具有明显的内容丰富、更新及时等优势外，还给传统农家书屋注入了新的活力，增加了书屋的吸引力，凝聚了更多的人气，大大提升了农家书屋的传播能力。

一、宁夏

宁夏回族自治区共拥有192个乡镇,2265个行政村,472个社区,16个农垦场，约300万以上的农村人口。随着宁夏回族自治区社会经济快速发展,农民群众对精神文化需求日益增长,农村基层文化公共服务体系建设,特别是农家书屋工程建设已经成为社会主义精神文明建设的重要阵地。

近几年来,宁夏回族自治区采取有力措施,加强文化基础设施建设,全面推动农家书屋工程建设,努力提高农村公共文化服务质量和水平,增强农村公共文化产品和服务供给能力,农村公共文化体系建设取得了较好的效果,宁夏也将卫星数字农家书屋建设工程列为“为民办实事”工作计划之中。宁夏回族自治区卫星数字农家书屋的安装实施工作于2013年3月15日正式启动,共安装部署2300家,历时40天全部安装完毕并正常运行,至此,宁夏农家书屋进入了“卫星数字化”时代。卫星数字农家书屋建成之后,提供了丰富多彩并适合当地农民需求的优秀出版物,为当地广大农民群众带来了大量精神文化食粮，全面推进了宁夏社会主义新农村文化建设,促进了宁夏农村文化的繁荣发展。

宁夏农家书屋率先在西部实现全覆盖,卫星数字农家书屋建设更是在全国首先完成。过去农民群众常常说“要致富,修公路;要致富,多种树”,如今是“要致富,多读书”。“穷因书而富,富因书而贵”。读书是治穷、治愚之根本。宁夏作为少数民族自治区,农家书屋建设有办法、有创新、有成效,在很大程度上解决了农民买书难、借书难、看书难和农村文化共享的问题,为提升农民科学文化素质，丰富农民的精神文化生活创造了良好的文化环境,使各族群众享受到了文化成果,得到了广大农民群众的普遍欢迎。

(一)宁夏回族自治区卫星数字农家书屋建设的管理部署及落实情况

宁夏回族自治区卫星数字农家书屋工程建设是落实党的十八大精神,保障农民群众基本文化权益,造福于民的文化惠民工程,也是新闻出版部门、文化部门实践科学发展观,发展繁荣农村文化的重要举措。

1.领导高度重视,组织工作有力

各级领导高度重视，各方通力合作。为积极推进宁夏回族自治区农村公共文化服务体系建设,2012 年 10 月 12 日，宁夏回族自治区人民政府与中国航天科技集团公司战略合作协议签约暨卫星数字农家书屋捐赠仪式在银川举行。宁夏新闻出版局与中国航天集团公司所属航天数字传媒有限公司协同共建,全面启动宁夏卫星数字农家书屋全覆盖工程,共同打造新型卫星数字农家书屋工程建设模式。宁夏回族自治区副主席齐同生与中国航天科技集团公司副总经理张建恒共同签署了《战略合作协议》,宁夏新闻出版局局长杨宏峰与中国卫星通信集团公司总经理卓超签署了《宁夏卫星数字农家书屋工程战略合作协议》。宁夏回族自治区主席王正伟、自治区党委常委袁家军、中国航天科技集团公司总经理马兴瑞等参加了签约仪式。协议明确,中国航天科技集团公司为支持宁夏数字化建设,践行央企社会责任，向宁夏全区 2300 个行政村捐赠 2300 套卫星数字农家书屋的接收终端设备,并负责设备的配送安装和培训,宁夏回族自治区负责卫星数字农家书屋配套设备,双方共同筹建宁夏卫星数字农家书屋。宁夏回族自治区新闻出版局对工程建设进行了精心规划和统筹安排,全区各市县区新闻出版及文化部门积极配合。建设项目按照依托实体农家书屋,向移民新村倾斜,向山区和边远地区倾斜的原则,显示设备接收、安装、配送、调试及人员培训一步到位,全区各县市区同步实施,确保了工程建设的速度与质量。

宁夏回族自治区卫星数字农家书屋工程建设由宁夏农家书屋办公室领导部署和统筹,各市新闻出版局负责本市总体建设和统筹协调,各市县区文化管理部门负责本地区卫星数字农家书屋的建设。要求各市县区确定工程建设责任人,负责与配送安装方以及各拟建点的联络和监督验收。

宁夏回族自治区卫星数字农家书屋的管理纳入到当地实体农家书屋管理之中。卫星数字农家书屋工程投入的资产由当地新闻出版或文化管理部门管理。

宁夏回族自治区卫星数字农家书屋的节目源组织及播出服务、接收及显示设备的安装调试和维护服务、操作培训服务由航天数字传媒有限公司负责。

2.各方积极配合,工程顺利实施

宁夏回族自治区人民政府将卫星数字农家书屋建设列为 2013 年 10 项

民生计划为民办30件实事之一。

自治区新闻出版局高度重视，将卫星数字农家书屋工程作为2013年度的重点工作，精心规划，认真组织，积极推进，全力以赴地开展各项工作。同时，统一各市新闻出版局的思想认识，明确目标和任务。在狠抓落实方面，要求市县区职能部门对行政村拟建点实地勘察，申报拟建点要求详细到具体安装地点、具体负责人、管理人员及其联系电话。

（二）宁夏回族自治区卫星数字农家书屋的建设情况

卫星数字农家书屋运用卫星技术，解决了传统农家书屋读物更新慢、运输不便、借阅不便、内容不足、可持续性不强等问题，将高品质的海量视频读物、音频读物、电子图书、杂志、报纸、音像等内容，以数字方式投递到任何一个农家书屋，农民在家就可以通过电视、投影、电脑等与卫星连接的终端设备阅读和观看。卫星数字农家书屋能够极大地提升出版物在农村地区的覆盖，建立起一条健康、合法、主流的新闻出版传播渠道。

国家新闻出版广电总局副局长阎晓宏在数字农家书屋建设推进会上强调，卫星数字农家书屋作为传统农家书屋的有益补充，要立足于农村、农民实际需要，从推动公共文化服务标准化、均等化的要求出发，鼓励那些地处偏远、运输成本高、基础设施差的地区积极应用卫星数字农家书屋，解决内容的补充更新问题。他指出，在文化和科技融合的大潮流下，要协调好农家书屋传统出版物与数字出版物的生产提供，把握好内容“量”与“质”的关系，多为农民精选适合的文化产品，实现卫星数字农家书屋与传统书屋齐头并进、此长彼长。同时，要发挥卫星成本低、传输快的优势，实现内容的及时有效投送，巩固基层文化阵地，提高主流文化影响力。要建立健全政府向社会购买公共服务的机制，发挥社会和市场的支撑作用，鼓励航天数字传媒有限公司进一步降低成本，提高服务水平，更好地满足不同地区特别是边远地区农民群众的需要。

宁夏回族自治区农家书屋工程建设仅面向农村行政村，城镇社区、乡镇文化中心（乡镇综合文化站）及涉农单位等不在此批次建设规划内。据宁夏回族自治区统计局及自治区财政厅统计数据，2012年宁夏行政村总数为2294个。因卫星数字接收设备以及财政追加预算是按2300个卫星数字农家书屋为基数的，所以建设项目以此基数为准，按照向移民新村倾斜，向偏远地区尤其是山区倾斜的原则规划和实施。

1.宁夏回族自治区卫星数字农家书屋建设目标

总体目标。按照《宁夏卫星数字农家书屋建设规划》，宁夏将在2012至2013年全面启动宁夏卫星数字农家书屋工程建设，目标是在2013年4月23日"世界读书日"，实现全区2300个行政村卫星数字农家书屋全覆盖及节目开播。

各市目标。根据银川、石嘴山、吴忠、中卫和固原五市新闻出版局申报，经宁夏回族自治区农家书屋工程建设领导小组办公室审定，宁夏回族自治区财政厅审核，确认宁夏回族自治区卫星数字农家书屋建设项目为2300个，其中银川市276个，石嘴山市201个，吴忠市522个，固原市846个，中卫市451个，机动4个。

2012年10月中旬，宁夏回族自治区新闻出版局、宁夏回族自治区农家书屋办公室召开会议，向银川、石嘴山、吴忠、中卫和固原五市下发了《自治区新闻出版局关于下达卫星数字农家书屋建设项目的通知》，明确五市县(区)工程建设责任人，提出了工作要求，确定卫星数字农家书屋设备责任人、接收人员名单，动员部署全区卫星数字农家书屋拟建点的申报、工程建设和管理工作。根据五市申报拟建点情况，宁夏回族自治区新闻出版局制定了《宁夏卫星数字农家书屋建设计划》。

2012年12月中旬，宁夏回族自治区新闻出版局召开专题会议，对宁夏回族自治区卫星数字农家书屋的建设进行安排部署，向银川、石嘴山、吴忠、中卫和固原五市新闻出版局下发《自治区新闻出版局关于下达卫星数字农家书屋建设项目的通知》。

2013年1月中旬，确认全区2300个卫星数字农家书屋建设点。根据银川、石嘴山、吴忠、中卫和固原五市新闻出版局申报，经宁夏回族自治区农家书屋工程建设领导小组办公室审定，宁夏回族自治区财政厅审核，确认宁夏回族自治区卫星数字农家书屋建设点为2300个，其中银川市277个，石嘴山市196个，吴忠市524个，固原市846个，中卫市452个，区直5个。

2013年5月下旬，完成全区2300个行政村卫星数字农家书屋全覆盖，同时，航天卫星通讯集团通过“中星 6A”卫星投送数字出版物同步开通，这标志着宁夏所有行政村卫星数字农家书屋建设完成。

2.全区卫星数字农家书屋具体建设实施情况

(1)银川市。根据宁夏回族自治区新闻出版局《关于报送卫星数字农家书屋建设有关情况的通知》(宁新出发【2012】210 号)精神，银川市新闻出版局高度重视此项工作，结合银川市农家书屋建设实际，业务处室做好前期筹备工作，于 2012 年 11 月初制定下发了工作方案，明确了建设目标任务，对建设工作提出具体要求，明确各级职责。县市区按照要求上报了拟建点计划表及具体负责人和联系人。为了摸清各县市区实际，银川市新闻出版局还及时组织工作人员对所报拟建点进行了集中抽查，对所报信息逐一核实，同时积极听取基层反馈意见建议，做到建设工作有的放矢，心中有数。

村委会工作人员正在调试卫星数字农家书屋节目

全市卫星数字农家书屋工程建设之初，银川市新闻出版局就严抓了选点工作，根据上级下达的指标，银川市新闻出版局及时下发了《关于报送卫星数字农家书屋建设有关情况的通知》(银新出发【2012】5 号)，要求各县市区先期做好书屋的选点工作，重点保障所辖 277 个行政村的全覆盖。结合各县市区的选点情况，银川市新闻出版局领导多次深入各县区市、乡镇村、街道社区进行书屋建设调研、指导、督促和检查，有力推动了书屋建设进程。卫星数字农家书屋是传统农家书屋的延伸和补充。农民可以用电视、电脑等与卫星连接的终端设备，每年接收收看2000多个小时的视频类节目，阅读2000多册图书、60多种杂志和100多种报纸，并全天候更新，科技含量大幅提高。以上特点，对原有农家书屋管理员综合素质提出了更高要求，农家书屋管理运行的成效如何在很大程度上取决于农家书屋管理员。为此，银川市新闻出版局积极协调安装企业在书屋建设过程中对农家书屋管理员进行了手把手系统的培训指导，建立了长期售后与维护措施。目前所有农家书屋管理员都能熟练掌握卫星数字农家书屋的操作与使用，服务农民群众，并在卫星数字农家书屋中积极开展各类活动。

永宁县原隆村卫星数字农家书屋暑期活动

卫星数字农家书屋工程包括建设、管理、维护和使用四个方面，四者缺一不可。建设好是前提，管理好是关键，维护好是重点，使用好是目的。按照这个思路，银川市新闻出版局在建设卫星数字农家书屋之前就先后制定了《银川市卫星数字农家书屋管理使用须知》《银川市卫星数字农家书屋管理制度》，对卫星数字农家书屋设备建立管理档案，明确管理主体，把日常维护作为管理重点。在书屋设备布置上科学合理，最大限度发挥设备功效，方便群众使用。

图书馆负责人下村指导村民点播数字节目

贺兰县新胜村卫星数字农家书屋

书屋管理人员指导使用数字出版物播放设备

为保证设备安装质量，银川市新闻出版局要求各县(市、区)文广局对所辖行政村安装情况逐一进行检查验收，银川市新闻出版局对每个县区市抽查4个书屋，采取村、县、市三级逐级签字验收的方法，层层把关，一级向一级负责，确保了设备安装质量。

(2)石嘴山市。石嘴山市新闻出版局高度重视此项工作，结合石嘴山市农家书屋建设的实际情况，制定下发了工作实施方案，明确了目标工作，对建设工作提出具体要求，并且明确各级职责。县市区按照要求及时上报了拟建点计划表及具体负责人和联系人。石嘴山市新闻出版局还及时组织工

作人员对所报拟建点进行了集中抽查核实，积极听取农家书屋拟建点反馈意见和建议，为建设工作打好了坚实的基础。石嘴山市新闻出版局还对工程实施安排部署，确定工程建设责任人，负责与配送安装方以及各拟建点的联络和监督验收。

截至2013年4月底，石嘴山市书屋设备已全部安装完毕。卫星数字农家书屋的安装建设深受当地广大农民朋友的欢迎，卫星数字农家书屋在当地发挥了科技惠农的作用，既能丰富群众的文化生活，又能及时传输农业致富的科技信息，让百姓与科技的距离又近了一步，充分发挥了文化主阵地作用，极大地丰富了石嘴山市农民朋友的业余文化生活。

(3)吴忠市。为推进吴忠市农家书屋数字化建设，满足吴忠市广大农村群众精神文化需求，吴忠市新闻出版局高度重视建设工作，把卫星数字农家书屋建设工作作为2013年重点业务工作来抓，为确保完成工程建设任务，认真协调并组织实施，保证了工程建设顺利完成。

吴忠市积极争取各级领导部门的支持，确保卫星数字农家书屋工程在吴忠市顺利实施，及时成立了由吴忠市新闻出版局局长任组长，分管副局长任副组长，局办公室、新闻出版科负责人以及各县(市、区)文化(体育)旅游(广播电视)局局长为成员的吴忠市卫星数字农家书屋建设领导小组，为吴忠市卫星数字农家书屋工程建设提供了坚强的组织保证。

吴忠市积极协调安排卫星数字农家书屋工程顺利进行。按照宁夏回族

自治区新闻出版局的统一安排，吴忠市卫星数字农家书屋设备于2013年4月初陆续到位。从4月上旬开始，用一个月的时间对全市卫星数字农家书屋进行设备安装调试，并现场对农家书屋管理员进行培训指导，使农家书屋管理员掌握了必要的操作技能和科技知识。与此同时，全市各县(市、区)充分发挥图书馆和乡镇文化干部组织协调作用，协调配合安装队开展工作，保证工程建设顺利进行。2013年5月上旬吴忠市卫星数字农家书屋设备全部安装完毕，且运行正常。

宁夏回族自治区新闻出版局安排吴忠市各县(市、区)卫星数字农家书屋工程建设任务524个，其中同心县169个。由于同心县实施生态移民工程，有20个行政村虽然建制还存在，但所剩村民没有几家，已失去安装的意义。在宁夏回族自治区新闻出版局的大力支持下，又将这20套设备调剂到吴忠市其他县(市、区)，这样一来，吴忠市漏报的行政村和新建的移民村全部安装了卫星数字农家书屋，实现行政村卫星数字农家书屋全覆盖的目标。其中，宁夏吴忠市利通区自2012年12月实施卫星数字农家书屋工程以来，采取多项措施，积极为辖区内各行政村争取卫星数字接收终端设备，主动联系、协调、配合工程队进行设备的安装和调试，及时沟通各乡镇，做好设备后期的维护工作，确保卫星数字农家书屋实现“村村通”。截至目前，该区已为辖区内107个行政村配备了卫星数字接收终端，覆盖率达100%。

加强对农家书屋管理员的培训。为深入扎实实施吴忠市卫星数字农家书屋工程建设，使全市各乡镇文化站长和农家书屋管理员提高思想认识，了解掌握惠民政策和卫星数字农家书屋基本知识，从2013年3月中旬卫星数字农家书屋建设工程开始实施起，吴忠市新闻出版局就分别在辖区5个县(市、区)共举办5期卫星数字农家书屋基本知识和操作技能培训班，各乡镇负责文化的干部和农家书屋管理员600余人参加了培训，进一步明确了卫星数字农家书屋建设任务，对吴忠市卫星数字农家书屋的顺利建设和高效运行起到了积极作用，提高了卫星数字农家书屋管理人员的责任意识和服务水平。

吴忠市新闻出版局对吴忠市卫星数字农家书屋的管理明确了责任。为确保吴忠市卫星数字农家书屋真正发挥作用，本着“把好事办好，把实事做实”的要求，按照属地管理和谁主管、谁负责的原则，吴忠市新闻出版局印发了《关于做好卫星数字农家书屋工程建设工作的通知》，明确了卫星数字农家书屋设备属国有财产，吴忠市各乡镇主要领导为主要责任人，分管领导和乡镇文化站负责人为第一责任人，农家书屋管理员为直接责任人。文化行政部门全面监督管理，并形成制度，做到层层落实，责任到人，确保卫星数字农家书屋建设这一惠民工程真正落到实处。

吴忠市新闻出版局对卫星数字农家书屋的验收加强督查。安装工作结束后，吴忠市大部分县(市、区)对辖区内的卫星数字农家书屋进行了检查验收。吴忠市新闻出版局深入到各县(市、区)抽查了14个卫星数字农家书屋，通过抽查认为，安装总体效果比较好，农家书屋管理员都能熟练操作设备，同时也走访了部分使用过的农户，老百姓反映好，称不出村就能学习种植、养殖科技知识，还可通过屏幕看到最新的报刊、图书、电影、电视剧等，普遍认为是办了一件大好事。

(4)固原市。固原市卫星数字农家书屋建设严格按照《宁夏回族自治区新闻出版局关于下达卫星数字农家书屋建设项目的通知》要求，从卫星数字农家书屋建设、管理、使用和建立长效机制等方面入手，积极部署，科学规划，稳步推进，按时完成了固原市卫星数字农家书屋建设任务。

固原市新闻出版局为保证卫星数字农家书屋建设工作卓有成效地开展，制定具体工作方案，成立领导机构，按照宁夏回族自治区新闻出版局要

求，本着科学论证、合理布局、统一安排、实事求是的原则，在实地调研的基础上制订了实施方案，成立了固原市卫星数字农家书屋建设领导小组，明确责任，全面负责固原市卫星数字农家书屋建设工作。

固原市新闻出版局结合实际，按照建设要求，落实责任，保障基础，层层抓落实。通知各县(区)文广局，严格以村、乡、镇、县顺序上报拟建点846家，要求拟建点以行政村为单位，建在村委会，必备桌椅设备和专人管理。加强对卫星数字农家书屋的管理，积极发挥农家书屋的科技作用。首先以农家书屋管理制度为基础，增加卫星数字农家书屋管理使用内容，确保资产和收视正常化。其次，选好人，用好人，选那些品行好、有热情、有责任、积极性高的农民担任管理服务人员，通过岗前培训，使他们熟悉业务工作，更好地为群众服务。

固原市卫星数字农家书屋建设846家，每个行政村配备了一套卫星数字接收终端设备，39英寸液晶显示器一台，采取集中和现场两种方式对管理人员进行安装、调试培训，安装公司委派专业技术人员逐村指导安装，介绍卫星数字的接收和使用方法，较好地完成了这次安装任务。目前，固原市卫星数字农家书屋全部收视正常，群众反映良好，实现了卫星数字农家书屋覆盖所有行政村的目标。

固原卫星数字农家书屋具体项目实施情况是，原州区建设160家，建成使用135家，其中头营镇和中河乡由于19个行政村村委会领导班子调整，设备正在安装调试，官厅镇和张易镇6个行政村合并和整村移民，设备统一调配到新移民点；西吉县307家，其中6家行政村整村移民，设备统一调配到马建乡白虎安置区、兴平乡兴平安置区、田坪乡田坪安置区、白崖乡红套安置区、震湖乡苏堡安置区、什字乡什字安置区；彭阳县在检查中，有25家卫星数字接收设备不能正常使用，已和安装公司人员进行联系解决。随后又新增移民新村9个（古城2个，城阳2个，草庙2个，孟塬2个，新集1个）。

固原市卫星数字农家书屋的管理深入到每个行政村，并借鉴农家书屋管理方式进行管理。例如：西吉县政府办公室下发文件《关于开展卫星数字农家书屋工程建设的通知》，要求各乡镇人民政府和文化服务中心负责设备监管，行政村具体负责设备使用管理，实行专人负责、专人管理，并建立长效管理工作机制，确保此项工作的正常开展；隆德县图书馆制定了《农家书屋长效管理机制实施意见》，要求每个农家书屋管理落实到责任人，定期考核。

固原市新闻出版局组织专业人员对各县（区）卫星数字农家书屋建设情况进行督促检查，发现问题及时协调处理。2013年4月底，宁夏回族自治区新闻出版局督查验收组先后抽查了西吉县兴隆镇杨茂村、原州区头营镇杨郎村和蒋河村的卫星数字农家书屋建设，书屋管理员操作演示了接收、视频等使用情况，得到了验收组的好评。

在宣传方面，充分利用本地新闻媒体、专栏等广泛宣传卫星数字农家书屋在普及科技知识，营造和培养浓厚的读书氛围，传播先进文化，提供精神食粮，弘扬社会正气等方面的积极作用。大量报道固原市卫星数字农家书屋里发生的收视阅读故事，农民观看节目的切身感受和阅读的成果等。

（5）中卫市。按照宁夏回族自治区新闻出版局的工作安排，中卫市卫星数字农家书屋工程的建设安装工作，自2013年3月11日开始，到2013年4月20日安装全部结束，所有卫星数字农家书屋设备全部安装在中卫市行政村农家书屋内，实现了中卫市所属行政村全部覆盖。

在宁夏回族自治区新闻出版局的统一部署下，中卫市共安装建设卫星数字农家书屋452个，其中，沙坡头区155个，中宁县126个，海原县171个。为推进中卫市卫星数字农家书屋建设，满足中卫市广大农村群众精神文化需求，中卫市新闻出版局高度重视卫星数字农家书屋建设工作，2013年3月10日，中卫市新闻出版局召开了全市各乡镇分管文化工作的领导和文化中心主任会议，就中卫市卫星数字农家书屋工作进行了安排，为确保整体工程建设的顺利实施提供了组织保障。

中卫市新闻出版局成立卫星数字农家书屋工程督导组，不定期对中卫市各村卫星数字农家书屋的使用情况进行抽查、督查，及时发现问题、解决问题，确保这一民生工程真正发挥宣传党的政策，普及科学知识，传播致富信息，帮助农民尽快发家致富的作用。督导组明确了督导任务，对中卫市卫星数字农家书屋设备的安装时限和安装质量进行检查指导，确保卫星数字农家书屋工程在中卫市顺利实施。

针对各农家书屋管理人员技术操作水平低的现状，中卫市新闻出版局组织对农家书屋管理员进行系统培训，分期对农家书屋管理员进行业务知识学习和技能操作培训，使得农家书屋管理员能够熟练操作卫星接收设备，发挥了卫星数字农家书屋应有的科技带动作用。

（三）宁夏回族自治区卫星数字农家书屋建成后使用情况调查

随着宁夏回族自治区人民政府与航天数字传媒有限公司战略合作的卫星数字农家书屋一期工程全面竣工，2300 个书屋开始发挥作用。通过宁夏回族自治区新闻出版广电局对全区卫星数字农家书屋使用情况的整体调查，全区各地建设数字农家书屋的热情很高，使用的实际情况良好。在对卫星数字农家书屋用户调研走访时发现，广大用户对卫星数字农家书屋提供的内容存在明显需求的有以下几类：党和国家的最新政策法规和时政新闻，反映回族文化及回族生活的、地方特色突出的内容，中小学生的教育辅导内容，具有结合本地需求的种养殖类农科知识、保健医疗等方面的知识。为此，宁夏回族自治区新闻出版广电局与航天数字传媒公司进行了多次对接沟通，针对服务当地的卫星数字农家书屋的出版物内容、形式和相关技术等一些关键问题进行多次研究和探讨，共同制定了多种解决方案。目前，通过卫星数字发行平台，已完全实现适合本地需求的出版物打包投递。

就宁夏各地区卫星数字农家书屋试点使用情况，特别是对艰苦偏远的山区，卫星数字农家书屋在无缝覆盖、安全可控、更新及时、内容丰富、使用便捷、有吸引力等方面优势明显。在很多艰苦环境中，卫星数字农家书屋的功能还得到了延伸。

2013 年 4 月，吴忠市盐池县卫星数字农家书屋工作已正式启动，标志着全县 105 个行政村的农家书屋由传统农家书屋迈向了卫星数字化。

花马池镇南苑新村村民在农家书屋观看卫星数字电视

中卫市中宁县余丁乡黄羊村卫星数字农家书屋设备安装调试后，仅用了30分钟就完成了接星和内容下载，当电视上播放专题歌舞节目时，村民们非常高兴，这里很快便成为了当地农牧民最爱去的活动室。据了解，卫星数字农家书屋成为了当地重要的宣传文化阵地。

村民刘平汉已经是卫星数字农家书屋的老用户了，他打开电视高兴地对记者说："现在国家富强了，农民得到的实惠越来越多，我们在卫星数字农家书屋不仅能看书、看电影，还能看几十种当天的报纸，真不错！"

中宁县图书馆馆长宋振兴告诉记者："一台超薄液晶电视、一个卫星高清播放机、一个天线，就能让农民享受到高品质的文化生活。"卫星数字农家书屋在宁夏回族地区配套建立民族内容的资源库，为回族地区用户量身定做有针对性的内容，服务宁夏及少数民族地区。

感受到卫星数字农家书屋的便利，宋振兴也有了新的期望，他说："我要组织老年协会90多位老人来收看节目和学习各种知识，希望卫星数字农家书屋的推广更快些，让更多的民族村庄通过卫星数字农家书屋获取信息，让卫星数字农家书屋成为民族地区、边远地区打开视野，了解外面世界的重要平台。"

村民李文玉对此也深有感触："一按遥控器，种植养殖技术、法律知识应有尽有，电影、文艺节目想啥时看就啥时看。卫星数字农家书屋能够播放有声的少儿读物，孩子们不再沉迷于网络游戏，一放学或放假就喜欢来这里学儿歌、听小故事，而老人们则在这里找到了健身视频，跟着学健身操。"

李文玉还告诉记者，通过卫星数字农家书屋，他能收听收看到很多致富知识和时政新闻。不但自己收看，还把村里的妇女姐妹、小孩、老人组织起来一起学习、一起收看，不仅丰富了业余生活，还学到了很多文化知识、致富知识。

学生放学后集体在数字农家书屋收看卫星数字节目

据银川市兴庆区月牙湖乡卫星数字农家书屋管理员李学虎介绍，卫星数字农家书屋设备安装好之后，书屋除了借阅图书以外，还可以供同学们观看电影、电子图书和报纸，卫星数字农家书屋又为农家书屋注入了新活力。卫星数字农家书屋吸引了附近老人、儿童、农户等前来观看，许多儿童在这里通过有声图书、视频节目学习知识，这里已然成为在校学生学习的“第二课堂”。

在石嘴山市平罗县城关镇新利村，崭新的卫星数字多媒体设备摆放在农家书屋内。村民马丽按下遥控器，丰富的农业知识便出现在她眼前。如果想阅读报纸、看电影，马丽都可以在电子屏幕上进行选择。“有了这样的卫星数字农家书屋，村里人能知道很多信息哩。”马丽高兴地说。由于新利村远离城区，传统农家书屋藏书少，新书更新慢，这对于迫切需要丰富知识、获取信息的当地群众来讲，传统书屋已不能满足他们的需求。针对此，平罗县为偏远农村送去了卫星数字农家书屋。卫星数字农家书屋落地开通后，农民群众便喜欢上它了。平罗县利用卫星数字农家书屋培训农村医护人员，一些村支部还通过卫星数字农家书屋投送的《人民日报》组织党员学习。

卫星数字农家书屋在西吉县兴隆镇杨茂村建成以后，成了这里的一道独特的文化风景线，丰富的内容，新颖的形式让书屋常常座无虚席，大大丰富了当地农民的文化生活。

卫星数字农家书屋已深深地根植入于宁夏的乡村，它独特的传播方式，丰富的文化资讯，正一点点影响着人们的生活，通过这个平台影响并解决了全区农村的文化教育问题。根据各项调查表明，宁夏回族自治区卫星数字农家书屋项目在宁夏回族自治区建设至今，由于应用便捷、更新快速、使用维护高效简单，有效实现并解决了出版物通过卫星传输的方式，向全区各个偏远山区的及时投递更新，通过先进的技术手段创新了农民的阅读模式，对全区传统农家书屋形成了有益补充，并使其传播能力大幅提高，得到宁夏农家书屋建设管理部门的高度肯定，受到农民群众的欢迎和认可。

（四）卫星数字农家书屋在宁夏回族自治区未来的发展方向

宁夏回族自治区实现了卫星数字农家书屋全面覆盖的基本目标。市属行政村在当前互联网与电视网络并未实现全面覆盖、普及的宁夏农村地区，通过专属卫星网络，依托卫星数字农家书屋打通了农村信息服务的“最后一公里”，为宁夏农村地区百姓提供数字化的影视文化作品等视频节目和数字化的书报刊服务，为保证农民读书、看报、学文化、看电影等基本公共文化权益的实现提供了重要支撑。

卫星数字农家书屋和当地农村其他资源整合符合宁夏回族自治区文化强区战略要求，可以有效提升卫星数字农家书屋工程的社会效益，这对提高全区文化产业规模化、集约化、专业化水平提出了更高的要求。

卫星数字农家书屋依托国家公共文化服务而建，其影响力与传播力巨大而持久，也是目前打通农村文化市场的权威通道。且其作为还未经过市场化的新兴媒体介质，将当地农村的其他文化资源进行整合后，具备可预期的高额利润回报优势，是投资者可快速进入的理想选择。当前，在“媒体资源垄断就是效益”这样的大环境下，正是投资农村地区稀缺媒体的最佳时机，而卫星数字农家书屋作为打通农村消费市场不可或缺的媒体通道，具有独一无二的投资价值。

在互联网时代，因为卫星网络通道优势和高清解码及高品质内容服务优势，加之开发的农村市场消费群体，卫星数字农家书屋作为视频传播终端而焕发出新的生机，其市场意义和政治意义不言而喻。在卫星数字农家书屋今后的发展中，整合农村其他文化资源，将经济效益与社会效益完美结合，使宁夏回族自治区公共文化服务功能、农村广告市场与农村商业服务业市场得以相互促进和健康发展，不仅可以创造经济效益，也可以起到社会宣传的功能，更好地引导农村的经济建设和社会主义精神文明建设，实现提高经济效益和社会效益的双重意义。

二、河北

2012 年 5 月，中国航天科技集团公司向河北省捐赠了 5010 套卫星数字农家书屋设备，航天数字传媒有限公司捐赠了第一年服务费用，安装地点遍布河北 11 个地市，163 个县，5010 个村。2012 年 8 月底完成安装后，河北省卫星数字农家书屋开始了后期的全面运营服务，除提供内容的每天更新服务外，还创新地为河北省开设了《燕赵大地》专栏，宣传河北省优秀文化传统和农家书屋建设等节目内容，成为其他各省效仿建专栏的示范。

（一）丰润 57 个村安装卫星数字农家书屋

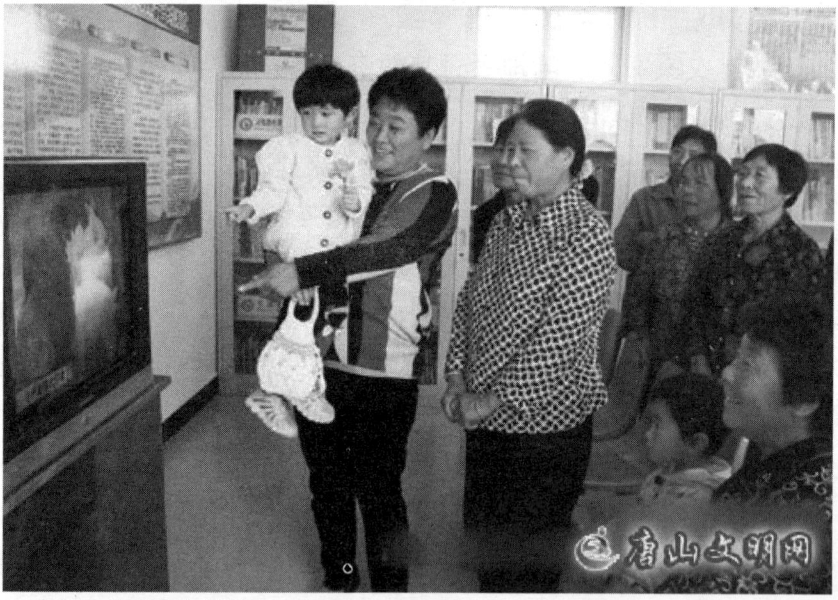

丰润区七树庄镇菜籽庄村村民正在通过电视观看卫星数字农家书屋提供的科学知识内容

近日，丰润区为 57 个村率先安装了卫星数字农家书屋。卫星数字农家书屋利用卫星技术，将高品质的多媒体文件、电子图书、报刊、音像等内容用数字的方式进行传输，通过电视、电脑等终端设备进行集中免费阅读，不仅实现了内容的随时更新，更方便了农民学习。

（唐山文明办　2012年10月25日）

（二）在“农”字上做文章

“农家书屋只有真正用起来，才能活起来，真正显示出实效，让老百姓真正享受这项国家惠民工程的好处。”廊坊市文化广电新闻出版局局长卢留虎告诉《中国新闻出版报》记者。

如其所言，记者在廊坊市的两天里，切实感受到了廊坊市新闻出版部门及各地农家书屋管理员在“农”字上的努力。

廊坊市农家书屋

1 巧布点，真正贴近“三农”

73岁高龄的李自国卖完菜，轻车熟路地来到香河县刘宋镇刘宋村农家书屋，认认真真地看起书来。“现在我每周都得来个两三次，像《中华养生保健》《农业实用科技》啊，都是我必读的书目！”李大爷笑呵呵地说。

“金屋银屋，都不如我们农家书屋；少打麻将多看书，富了脑袋富口袋这才牛！”这是香河县钳屯乡张庄村党支部书记高学奇常挂在嘴边的一句话。张庄村是个果树和葡萄种植特色村，为了提高图书利用率，方便村民们阅读，该村把农家书屋设在了村民活动中心的大院内，与先前建好的党员远程教育室、村民体育活动室、多功能会议室在一起，这样遇到种植难题，都跑到农家书屋里“淘书”“取经”，既学习了科学种植的技能，还提高了经济收入。难怪张庄村村民会这样说：“有了农家书屋这个助农致富的金钥匙，咱们今后搞种植再也不用犯愁了，可以甩开膀子大干了。”这话不仅是他们发自肺腑的感言，从中也折射出了农家书屋给农民带来的实实在在的益处。

合理规划，有序推进，因地制宜，这就是记者对廊坊市农家书屋工程的第一个印象。近年来，廊坊市在农家书屋建设方面取得了一些经验。香河县的农家书屋建设侧重吸纳北京市的文化辐射力，如利用邻近北京，有丰富的文化资源优势，依托农家书屋多次组织群众开展农家书屋读书征文、演讲比赛、书法笔会、“农民读书月”等活动，掀起了农民读书看报的热潮。该县联合中国平安财险香河营销服务部举办了“平安杯”农家书屋阅读演讲比赛，为了扩大影响，还特邀了该县12个乡镇、街道办的宣传委员，9个乡镇的文化站站长，已建成的农家书屋管理员作为观众观看了比赛，扩大了农家书屋工程建设的社会影响。

2.管得全，做到一职多能

在廊坊，很多农家书屋管理员已经不仅仅是一个看书的“书倌”，他们已经被赋予了多重的身份，同时也掌握了多种的技能。

当记者走进大厂回族自治县祁各庄镇小东关村农家书屋时，管理员李斌正在用遥控器为乡亲们调试节目，动作非常娴熟。村书记李松雨告诉记者，自从安装了卫星数字农家书屋后，村里就选派懂电子技术、有责任心的村民李斌为专职管理员，对数字设备进行日常管理，并建立了日常管理台账。

自李斌上任后，便成了一名真正的技术员。他全天播放政策法规、致富信息等一系列村民喜闻乐见的节目，解决了老年人阅读纸质健康保健类书籍不便的难题，提高了中青年村民获取知识信息的效率。“孩子们一放学就奔这儿来了，老人们一大早也不去别的地方了，早早地来到这里等着管理员播放节目。要是赶上周末，住校的孩子们都回来了，书屋里可就更热闹了！村民不但可以和城里人一样看到国内外好看的电影和村民们爱看的曲艺文艺节目等，最关键的是每天都有新的花样和丰富多彩的内容。”李斌介绍。

“你拿着遥控器,大家要是意见有分歧,你怎么调节目啊?”记者问道。

“那就举手表决,少数服从多数。”李斌笑得很憨。

相比李斌技术员的身份,夏垫镇南王庄村农家书屋管理员王丽华就更像个辅导员了。她告诉记者,为保证农家书屋这个载体更好地开展优质便民服务,她注意发挥农民群众的主动性和创造性,听取他们对农家书屋的管理和维护以及对出版物需求的意见,建立监督奖励等一系列创新机制。为保证图书不被损毁和丢失,采取从娃娃抓起,培养“护书小天使”,达到让孩子们自我约束,为大人树立榜样,并监督家人爱书护书的目的,有效地促进了图书的科学化管理。“我们村王梓阳小朋友期末考试取得了年级第一名的好成绩,他向妈妈提出的奖励是希望这个暑假让农家书屋里面的图书陪他度过。”王丽华告诉记者。

3.用得活,书屋搭起鹊桥

卢留虎表示,农家书屋工程是公共文化服务体系的重要组成部分,也是党和政府服务“三农”的一件实事,搞好农家书屋建设对于合理配置公共文化资源、建立高效的公共文化服务平台、营造良好的文化生态环境具有重要的意义。通过用好用活农家书屋,能更好地服务新农村建设。

廊坊市将农家书屋纳入市级图书馆系统统一管理,为用活书屋找到了带头人。市图书馆负责农家书屋图书统一配送、交流、更换,使图书更新周期变短。定期组织农家书屋进行图书交换活动,使图书内容更加丰富,也促进各个农家书屋之间的交流,互相取长补短。利用市图书馆更换下来的书籍进一步充实农家书屋。

此外,农家书屋建成使用,离不开经费支持,保证书屋正常运转要有稳定的经费保障。在加大财政投入,确保农家书屋既建得好又运转顺的同时,廊坊市还动员社会投入,充分调动社会各界的积极性,采取企业或企业家以及有志于此的社会各界人士以“冠名捐赠”的方式,或机关事业单位定点挂名帮扶等形式多方筹集运转资金。

“下一步,我们要以农家书屋为阵地,开展全民阅读活动;还要通过书屋的知识传播,促进廊坊市生态文明和谐发展。”卢留虎表示。

(王佳欣 《中国新闻出版报》 2013 年 7 月 1 日)

(三)"卫星数字农家书屋万里行"走进河北涞源

1月18日到19日,卫星数字农家书屋万里行·走进河北涞源暨涞源县文化下乡春节系列活动在荆山口村举办。大红灯笼高高挂起,宣传文化、阅读的条幅随处可见,让荆山口村这个位于白石山脚下的小山村村容、村貌焕然一新。村民们用过晌午饭后,便纷纷涌到了位于村委会的广场上赶这场"文化大集"。没有隆重的开幕仪式,没有领导讲话,在简短但庄重的升国旗仪式后,乡亲们便根据自己的喜好,融入到各项文化活动中。

孩子们在纸上绘制"航天梦"

活动中,全国全民阅读媒体联盟、航天数字传媒有限公司还特别为荆山口村的孩子们带来了入选"大众喜爱的50种图书"的优秀少儿图书以及教学用具,航天数字传媒有限公司为荆山口村捐赠高清投影设备一套。来自国家新闻出版广电总局、河北省新闻出版局,涞源县委、县政府的干部纷纷动手调试相机为人们照全家福、为孩子们讲课发书、为乡亲们送春联,做起了各项服务工作。村里百姓反映,如此内容丰富且实实在在的文化下乡活动让他们终生难忘。

（新华公益　2014 年 01 月 22 日）

（四）“卫星数字农家书屋万里行·走进涞源”送文化下乡

1 月 18 日，卫星数字农家书屋万里行·走进河北涞源暨涞源县文化下乡春节系列活动在荆山口村拉开帷幕。大红灯笼高高挂起，宣传文化、阅读的条幅随处可见，让荆山口村这个位于白石山脚下的小山村村容、村貌焕然一新。村民们用过晌午饭后，便纷纷涌到了位于村委会的广场上赶这场“文化大集”。没有繁文缛节的开幕仪式，没有领导讲话，在简短但庄重的升国旗仪式后，乡亲们便根据自己的喜好，融入到各项文化活动中。

上一堂航天趣味科普课、带一本好书回家过春节、拍一张全家福、赠送一副春联、看一场电影、开展卫星数字农家书屋致富培训，如此种类繁多、别开生面的文化活动套餐让荆山口村的村民们乐开了怀，乡亲们表示这是带大伙在春节前提前体验了一把过文化新年的独特感受。

2012 年，我国已建成 60 万家农家书屋，农家书屋基本实现了在农村地区的全覆盖。但如何加快农家书屋的内容更新仍然是一个难题，于是卫星数字农家书屋应运而生。依托卫星数字发行平台这一传播服务体系形成的卫星数字农家书屋，将数字化的出版物通过专有的接收和存储装置投递到每个农家书屋中，用户可以通过电视、投影、电脑、手机、阅读器及音响等终端设备随时阅读和观看。

截至目前，在全国已建成并投入使用的卫星数字农家书屋 15000 余家，范围遍及西部的内蒙古、陕西、宁夏、云南、青海、四川、西藏及新疆生产建设兵团，中部的河北（河北有 49408 个传统农家书屋，其中 5010 家已进行卫星数字化升级，建成卫星数字农家书屋）、湖北，东部的北京、江苏、山东等十几个省（区、市），覆盖近千万人口。

（张贺山　《人民日报》　2014 年 1 月 23 日）

(五)“卫星数字农家书屋万里行”走进河北涞源 为山区孩子送去好书

上一堂航天趣味科普课、带一本好书回家过春节、拍一张全家福、赠送一副春联、看一场电影、开展卫星数字农家书屋致富培训，如此种类繁多、别开生面的文化活动套餐让河北省保定市涞源县白石山镇荆山口村的村民们乐开了怀。

1 月 18 日到 19 日，卫星数字农家书屋万里行·走进河北涞源暨涞源县文化下乡春节系列活动在荆山口村举办。大红灯笼高高挂起，宣传文化、阅读的条幅随处可见，让荆山口村这个位于白石山脚下的小山村村容、村貌焕然一新。村民们用过晌午饭后，便纷纷涌到了位于村委会的广场上赶这场“文化大集”。没有隆重的开幕仪式，没有领导讲话，在简短但庄重的升国旗仪式后，乡亲们便根据自己的喜好，融入到各项文化活动中。

来自国家新闻出版广电总局、河北省新闻出版局，涞源县委、县政府的干部纷纷动手调试相机为人们照全家福、为孩子们讲课发书、为乡亲们送春联，做起了各项服务工作。村里百姓反映，如此内容丰富且实实在在的文化下乡活动让他们终生难忘。活动中，全国全民阅读媒体联盟、航天数字传媒有限公司还特别为荆山口村的孩子们带来了入选“大众喜爱的50种图书”的优秀少儿图书以及教学用具，航天数字传媒有限公司为荆山口村捐赠高清投影设备一套。

本次活动由河北省新闻出版局、全国全民阅读媒体联盟、航天数字传媒有限公司、中国乐凯集团有限公司、涞源县委宣传部、涞源县扶贫局共同举办。本次活动也是涞源县科教文卫“三下乡”春节系列活动的重要组成部分。

（新华社 2014年1月22日）

（六）“卫星数字农家书屋”走进河北涞源县

荆山口小学10岁的王元哲小朋友绘制自己的航天画作

荆山口小学的小朋友们在志愿者的指导下完成自己的航天绘画作品

村民在书屋前留影纪念

（成浩　杨阳　中新社　2014 年 1 月 19 日）

（七）航天科技文化 结伴“飞入”乡村

1 月 19 日，已经放寒假的河北省保定市涞源县白石山镇荆山口村小学，热闹非凡。孩子们、老年人、乡镇干部从十里八村汇聚而来，共同参加卫星数字农家书屋万里行·走进河北涞源暨涞源县文化下乡活动。

这次，涞源县扶贫攻坚对口帮扶单位——中国航天科技集团公司所属的航天数字传媒有限公司，不仅为他们此前在荆山口村援助建设的卫星数字农家书屋带来了高清投影仪，还举办了多场面向孩子们的航天趣味科普课和航天主题绘画比赛活动。由中国新闻出版报社、中国航天报社等媒体共同发起倡建的全民阅读媒体联盟，则给荆山口村小学和孩子们赠送了教学工具和“大众喜爱的 50 种图书”。在那里，原本给人感觉高深莫测的航天科技和百姓渴望的文化知识实现了完美牵手，共同丰富农村居民特别是孩子们的精神文化生活。

13 岁的曹亚新是涞源县菜岗村明德小学六年级的学生，在创作航天主题绘画前，与其他小朋友仔细观察了航天志愿者带来的“天宫一号”与“神舟”飞船对接模型，不时就有疑问的地方向志愿者老师请教。她告诉记者，这是她第一次见到“天宫一号”与“神舟”飞船模型，非常感兴趣。在绘画作品的边缘，她写上了一句话：希望中国航天飞向遥远星球，取得更大成功。

在卫星数字农家书屋内，工作人员手把手地教授村民和村干部卫星接收设备以及投影机的使用方法……农民学习农作物种植技术、农村党员阅读党报党刊、孩子们学习外语、年轻人休闲看大片，卫星数字农家书屋全都能满足大家不同的需求。“县里已经对卫星数字农家书屋进行了装修改造，安装了投影仪之后，这里能容纳更多农民观看节目，对他们学习掌握致富技能、丰富精神文化生活都有帮助。”来自集团公司经营投资部，在涞源县挂职的县委常委、县政府副县长赵轶军说，“帮助农民早日脱贫致富，过上城里人都羡慕的惬意生活，也是我们航天人的期盼与追求。”

（刘淮宇 《中国航天报》 2014 年 1 月 22 日）

星空·生活 4版 2014年1月22日 星期三 中国航天报

航天科技文化 结伴“飞入”乡村

艺术家捐赠书画作品

三、四川

2013年4月20日8时2分在四川省雅安市芦山县(北纬30.3°,东经103.0°)发生7.0级地震。得知灾区网络中断,信息闭塞,航天数字传媒心系灾区,发挥卫星传输技术优势,肩负国企社会责任,立即组织专项工作组赶赴灾区援建卫星数字农家书屋,提供包括地震灾区卫生防疫、灾后心理援助、地震防护与自救等三大系列特色内容服务。

5月30日,国家新闻出版广电总局新闻出版直属机关援建芦山县卫星数字农家书屋仪式在四川芦山清仁乡仁加村举行。这是灾后援建的首个卫星数字农家书屋。

芦山地震发生后,芦山县40个行政村农家书屋全部损毁。为尽快恢复书屋功能,满足灾区群众精神文化生活需求,国家新闻出版广电总局新闻出版直属机关通过各方募集30万元捐款, 依托航天数字传媒有限公司,共同捐建芦山县40个卫星数字农家书屋。针对芦山县特殊情况,卫星数字农家书屋特别提供包括地震灾区卫生防疫、灾后心理援助、地震防护与自救等三大系列特色内容服务。近期,卫星数字农家书屋将陆续在各行政村居民临时居住点建成,待芦山恢复重建后,将转移到新的固定场所,继续为当地民众服务。

(《工人日报》 2013年6月9日)

四、陕西

2010年，陕西省在已完工的农家书屋工程基础上，积极探索，大胆尝试，不断创新，在全国率先把工作的思路集中在如何解决偏远地区农村书报刊等出版物投递难的问题上。经过大量的调研与综合对比，按照“试点先行、稳步推进、全面覆盖”的原则，引进了卫星数字农家书屋项目，并选择了1070个行政村作为项目试点，积极探索农家书屋数字化发展新模式，探索惠民工程的可持续发展模式。

作为国内第一个建设卫星数字农家书屋的地区，陕西省新闻出版局给予了大力支持，使卫星数字农家书屋项目能够更好地服务陕西，扎根三秦大地。

卫星数字农家书屋项目试点至今，由于应用便捷、更新快速、使用维护高效简单，能够有效实现对出版物的及时投递更新、开发内容丰富的专有精品资源库、创新阅读模式，对传统农家书屋形成了有益补充，使农家书屋的传播能力得到大幅度的提高，受到了试点地区用户的欢迎和认可。

（一）区文体局组织实施咸阳市渭城区卫星数字农家书屋项目建设工作

4月5日下午，区文体局在周陵办的配合下，组织专人为周陵办大石头新村配发并安装了卫星数字农家书屋设备。该村为咸阳市渭城区首个卫星数字农家书屋项目设备配发安装的行政村，随着该村卫星数字农家书屋设备的安装使用标志着咸阳市渭城区卫星数字农家书屋项目建设的正式启动。

本次卫星数字农家书屋项目建设，咸阳市渭城区共建周陵办大石头新村、黄家窑村，底张办底张新村、朱家寨村，北杜镇边方新村，正阳办张岩村、岳家等10个行政村。共配发长虹32英寸平板电视10台、高清播放机10台，DVD机10台、1tb硬盘10张、卫星接收器10套，总价值7万元。

该项目的实施使咸阳市渭城区农家书屋书报运输难、内容更新难、覆盖范围有限、直接入户难等问题得到了有效解决，农家书屋发展得到了有益补充，提升了基层农村的文化服务水平。

（刘国荣　《渭城在线》　2012年4月16日）

咸阳渭城
http://www.weic.gov.cn

首页 | 魅力渭城 | 党务公开 | 政府信息公开 | 百件实事网上办 | 招商引资 | 新农村建设

首页 >> 渭城在线 >> 政务信息 >> 新闻正文　　繁體 | 115年12月15日

区文体局组织实施我区卫星数字农家书屋项目建设工作

发布：梁卓　来源：区文体局 刘国荣　时间:2012-4-16 10:36:00　阅读次数：285

4月5日下午，区文体局在周陵办的配合下，组织专人为周陵办大石头新村配发并安装了卫星数字农家书屋设备，该村为我区首个卫星数字农家书屋项目设备配发安装的行政村，随着该村卫星数字农家书屋设备的安装使用标志着我区卫星数字农家书屋项目建设的正式启动。

本次卫星数字农家书屋项目建设，我区共建周陵办大石头新村、黄家窑村，底张办底张新村、朱家寨村，北杜镇边方新村，正阳办张岩村、岳家等10个行政村。共配发长虹32寸平板电视10台、高清播放机10台，DVD机10台、1tb硬盘10张、卫星接收器10套，总价值7万。

该项目的实施是我区农家书屋“书报运输难、内容更新难、覆盖范围有限、直接入户难”等问题得到了有效解决，使农家书屋发展得到了有益补充，从而提升了基层农村的文化服务水平。

(二)山里孩子们身边多了“会说话的书”

今年夏天,有本会说话、会唱歌、会做游戏的书来到了美丽的山区小城,让孩子们感到很新奇，也非常喜欢。这本书就是卫星数字农家书屋的卫星快乐课堂。

1.卫星数字农家书屋空降山区小学

陕西省商洛市柞水县是坐落于秦岭深处的质朴而美丽的小城,全县共有 120 个行政村,2011 年,农家书屋实现了全覆盖。2011 年 5 月,作为全国首批引进卫星数字农家书屋模式解决偏远山区出版物投递难和农村数字化阅读问题的地区,10 个卫星数字农家书屋在柞水县落户了。

柞水交通希望小学是陕西省交通厅援建的希望小学,坐落在县城下梁镇内,目前共有在校学生 606 名,6 个年级 13 个教学班,学生主要来自周边的 1 个社区、3 个行政村、十几个自然村和村民小组。除此之外,这两年,由于到县城务工的人增加了不少,特别是这附近还有一家轧钢厂,很多村里上来工作的人,带着孩子,都就近入学,进入这所学校学习。

卫星数字农家书屋坐落在小学西配楼的二层,老师和孩子们把这里亲切地叫做卫星快乐课堂。卫星数字农家书屋里的会说话、会唱歌、会做游戏的书，让山里的孩子们感到很新奇，也非常喜欢。学校的图书管理员石莉老师说："书屋给山里娃们打开了一扇看到外面世界的窗子。"

2.高科技送来快乐教学

石老师为各个年级排了课程表，挂在公示栏里。每个班按照课程表的安排，来这里学习、活动。

这几年，学校非常重视素质教育，也正在积极创建语言规范示范学校，这是当地县教育局对学校的工作要求。教孩子讲普通话是一项重要的工作，卫星数字农家书屋里的有声图书发音标准，内容生动有趣，很受孩子们的喜欢，成为老师教学工作中一项非常实用的辅助工具。学校要求 1~6 年级学生人人会背《三字经》，但《三字经》到底该怎样教授给孩子们，目前并没有规范的课程，形式也很单一——老师读，学生跟读，死记硬背。卫星数字农家书屋里会说话的《三字经》《弟子规》等，配了注解、图解，通过有声讲故事的方式，孩子们一下子就记住了。

学校把低年级的一部分动手实践课也安排在了这里，跟着卫星数字农家书屋的空中课堂学习手工小制作，效果非常好。

虽然这几年县里经济发展得很好，但是，山里学校的外语教育由于师资条件匮乏，仍然显得滞后。卫星数字农家书屋里每天安排的英语课和会唱英文歌的双语电子书，就成为很好的教学补充资源，不仅很受孩子们的欢迎，而且也受到了老师们的一致好评。孩子们在娱乐中学英语，老师们听到这么标准的发音，感到多了一个特别好的教学助手。课间休息，走廊上常有孩子哼唱着欢快的英文童谣经过。

3.多维度凸显快乐课堂

暑期里，"卫星数字农家书屋万里行·走进柞水"活动来到了这里，给山里的孩子们带来了新奇有趣的航天趣味科普课和电影课，与交通希望小学的孩子们一起分享现代化数字阅读的乐趣。

老师通过电子书授课（二年级）

孩子们与老师模拟嫦娥落月场景

在航天科普课上，孩子们兴奋地围在长征运载火箭、环境探测卫星、“神舟十号”“嫦娥三号” 等航模的边上，听上课老师讲解航天的历史和趣味常识。孩子们兴奋极了，通过亲手操作，感受“神舟十号”和“天宫一号”如何在太空对接，跟老师一起模拟“嫦娥三号”在月球的落地和月球车“玉兔”在月球的运行探测轨迹。孩子们还开心地玩起了与“玉兔”比身高、比体重的活动。这是山里的孩子们第一次如此近距离感受航天科技的发展，孩子们纷纷问老师“怎样才能成为一名宇航员”。

电影课结束后，孩子们自己动手为父亲制作贺卡

除了航天科普课，卫星数字农家书屋这个快乐的课堂又给孩子们带来了新的惊喜，原来是电影课《快乐童年·勇敢的心》来了！一年级3班的小朋友们高兴极了，跟指导老师一起观看《海底总动员》。对山里这些从来没有见过大海的孩子来说，这真是太神奇了。在这样的课堂上，孩子们学会了沟通，了解到除了说话，还可以通过写信、画画、唱歌、跳舞、拥抱等多种方式来进行沟通。

（王佳欣 《中国新闻出版报》 2014年9月1日）

五、北京

2012年3月28日，北京市3975个益民书屋中已有203个远郊区县村落试点建设卫星数字农家书屋。

（一）卫星设备引领农家书屋新时尚

“卫星数字农家书屋是咱老百姓的百宝箱，直观便捷更贴心，一下子将男女老少都吸引过来……”近日，在第四届中国数字博览会主宾企业论坛上，来自京郊延庆县八达岭镇小浮坨村的农家书屋管理者李红，深情描述着书屋的新变化。

小浮坨村书屋是北京市第二家“五星级书屋”，藏书近 1.5 万册，光盘 400 多套。去年夏天，小浮坨村引进了农家书屋卫星数字设备。和传统的书屋相比，其最大的特点是将生活百科、文化教育、农业科技、致富信息等内容数字化，村民们只需按按遥控器，就能找到自己要看的东西。先进的卫星设备，一下子把书屋变成了村里边人气儿最旺的场所，村民亲切称之为“卫星数字农家书屋”。

农家书屋最怕没人来，有了人气是好事。如何让小书屋在群众心中扎下根？书屋管理员为此想了不少办法。走家串户发放《益民书屋倡议书》，新建书屋要让全村妇幼皆知。全天向村民开放，将开放时间延长到晚上 9 点半。管理员将所有图书音像按政经类、科技类、生活类等严格分类、统一编号，印上“小浮坨村益民书屋”专用章，全部参照图书馆式的分类、分柜管理模式。管理信息全部录入电脑，日常借阅微机管理，日清月结的管理方式有效避免了图书的丢失和损坏。针对村民们关心的一些突出问题，都认真收集与归纳，随时把这些问题反馈给相关部门，并确保及时有效解决。

有了书屋还要让大家活学活用。村里经常不定期地邀请农业方面的专家、技术员来讲课，使村民在田间地头儿就能学到各类农业种植知识。对行动不便的老弱病残等特殊人群，管理员们开辟了特殊服务“绿色通道”，只要他们有需求，就送书上门。

说起书屋带来的收益，村民李满江感触颇深。去年他的蔬菜大棚里的黄瓜叶子变黄了，并且还有点打蔫儿。李满江急得满头大汗，找到书屋管理员翟翠英：“翠英呀，我家的黄瓜叶子怎么都黄了，快帮我找找挽救的办法”。翟翠英一听赶紧放下手中的活儿，查阅相关书籍，并找到纪录片《如何防治黄瓜病虫害新技术》，对照李满江所说的病害情形，发现可能因为棚里温度过高、通风少、湿度大导致坏秧。再到大棚里实地察看，果不其然，大棚里的温度已经超过了 30℃。于是，翟翠英赶忙将纪录片里学到的防病方法告诉李满江，过了一周，李满江高兴地告诉翟翠英，他家黄瓜病害全好啦，现在长得非常不错，一点都不会影响收成。

看着这新式玩意能给村民带来这么大的经济效益和社会收益，管理员的干劲更足了，想方设法为村民创造良好的收看、阅读和交流的环境，改造场地换上遮光窗帘，按需编排节目菜单，立个小黑板预告篇目……这一项项的人性化管理方式，吸引了更多的村民走进卫星数字农家书屋。

几年来，书屋征集的心得、感想、读书笔记、好人好事、新农村建设征文等100余篇。村里自建的“喜洋洋”文艺宣传队自编自导自演的节目灵感和火花，许多都来源于书屋里的见闻。自打书屋建成后，村里的老人们生活方式有了很大改变，打牌没了，酗酒少了，锻炼多了，睡眠好了，生活更有规律了。如今，卫星数字农家书屋真正成为孩子们经常光顾的“校外学堂”，村民学习科普知识的“加油站”，老人们“文化休闲的会所”，文艺爱好者的“灵感宝库”……

（王文兰 《中国文明网》 2011年11月9日）

（二）中宣部、国家新闻出版总署领导调研怀柔区北宅村数字益民书屋

2012年11月16日，中宣部出版局副局长张拥军、国家新闻出版总署财务司司长艾利民等一行领导到怀柔区桥梓镇北宅村调研数字益民书屋使用情况，北京市新闻出版局领导、怀柔区委宣传部部长彭丽霞、区文委主任焦安琪，该镇相关领导陪同调研。

桥梓镇北宅村图书管理员向前来调研的各位领导介绍了卫星数字农家书屋运行使用等情况，领导们现场观看了卫星数字农家书屋的媒体文件、电子图书、报纸、音像的效果，并对该镇试点工作给予了高度评价，对农家书屋工作经验进行了推广。

在随后召开的座谈会上，区文委副主任王冉汇报了怀柔区数字益民书屋的整体情况，并提出了卫星数字农家书屋使用中出现的问题及建设书屋的新模式。张拥军指出，卫星数字农家书屋是非常有战略意义的工程，也是农村文化建设和小康建设的主要内容，更是一项民心工程。从供需关系上，要准确定位，既要符合农村实际、农民需求，又要适应时代的渴望。张拥军强调，要加强宣传，让农民群众认识卫星数字农家书屋，真正用起来、带来好处。要发挥基层组织作用，把农家书屋作为重点文化建设内容来抓。

（怀柔区文明办 臧凌 2012 年 11 月 19 日 ）

（三）卫星数字农家书屋助力全民数字阅读——怀柔东关村活动报道

怀柔镇文化服务中心主任闫文秋（左）、东关村副书记孙艳玲（右）
出席活动、航天传媒运营经理车立江（中）主持活动

2015 年 4 月 23 日“世界读书日”当天，首都文化科技高端产业新区——怀柔区邀请作为国家新闻出版广电总局全国数字阅读重点活动单位的航天数字传媒有限公司，在怀柔区文化模范村东关村共同举办一场“卫星数字农家书屋助力全民数字阅读活动”。该活动得到怀柔区、怀柔镇、东关村村委及文化站相关领导、卫星数字农家书屋管理员的重视及大力配合。

当天参加活动 50 余人，大多是村里的文艺活动骨干、共青团成员、幼儿园老师、离退休老人等。怀柔区农家书屋项目负责人李超、怀柔镇文化服务中心主任闫文秋、东关村副书记孙艳玲及怀柔镇记者站记者一同出席活动。

活动现场图片

活动第一环节，由技术支持人员李贺介绍卫星数字农家书屋 APP 安装说明及 WIFI 分享体验推介。

卫星数字农家书屋 APP 安装说明讲解现场图片

参加活动村民体验 WIFI 分享功能活动现场图片

活动第二环节，增值经理吴立明分享抗日历史珍贵图片。

东关村纪念抗日战争胜利七十周年教育活动现场图片

活动第三环节，向优秀卫星数字农家书屋管理员颁奖。

东关村陈美玲（中）荣获“优秀卫星数字农家书屋管理员”称号

活动第四环节，记者采访东关村副书记孙艳玲、卫星数字农家书屋管理员陈美玲及怀柔镇文化服务中心主任闫文秋。

东关村副书记孙艳玲、卫星数字农家书屋管理员陈美玲接受《农民日报》记者采访

怀柔镇文化服务中心主任闫文秋接受《农民日报》记者采访

东关村文化活动室里参加活动的村民们，得知我们的卫星数字农家书屋里投递的内容可以通过 WIFI 分享，下载到自己的手机里回家阅读时，都纷纷拿出自己的手机扫描卫星数字农家书屋的 WIFI 分享二维码，安装卫星数字农家书屋客户端并下载自己喜欢的图书。大家都表示以后看书更方便了，不用费劲上网找电子书了，上下班路过卫星数字农家书屋用手机瞬间即可下载完图书，不费流量，不花钱，实在太好了！

参加活动村民用手机下载卫星数字农家书屋里的图书

以往农家书屋的图书每年更新的量不多，常来借阅的村民总抱怨没什么可看的。现在通过卫星数字农家书屋，可以一周来一次书屋，把 2~30 本

书下载后带走看，想什么时候看什么时候看，不用惦记什么时候还书，比以前方便多了。

镇文化中心领导表示：农家书屋的数字化升级及 WIFI 功能的增加，对推动基层农村开展阅读具有现实意义，对加快建设地方公共文化服务网络起到了助推作用。今后将继续积极配合航天数字传媒公司开展农村文化传播工作。

此次，怀柔东关村活动只是全国卫星数字农家书屋服务农村基层群众文化生活的一个缩影，遍布全国的卫星数字农家书屋将继续深入服务广大农村基层人民群众文化生活，积极贯彻响应李克强总理提出的："倡导全民阅读，建设书香社会"的号召。

（徐继怀 《航天数字传媒》 2015 年 4 月 23 日）

参加活动的怀柔镇文化服务中心主任闫文秋等领导干部
体验手机下载卫星数字农家书屋里的图书

（四）手机阅读走进农家书屋

4 月 23 日"世界读书日"，京城处处书香氤氲。当日，记者跟随航天数字传媒公司工作人员，深入京郊怀柔区怀柔镇东关村农家书屋，开展数字阅读走进农家书屋活动，现场感受"世界读书日"农家书屋里浓浓的书香。

在村文化活动中心（文化室）可以容纳六七十人的远程教育兼影视放映

厅里，镇文化服务中心主任闫文秋谈了自己对纸质书和电子书的认识，以及对多读书、读好书的理解和感受。航天数媒工作人员详细为村民讲解了什么是数字阅读、如何实现数字阅读等问题，现场指导村民进行手机阅读软件安装，还专门为农家书屋管理员陈美玲颁发了最佳数字农家书屋管理员证书。

去年这一天，东关村村民在村里的农家书屋还只能看纸质书，而现在，除了纸质书籍，他们可以在书屋里用手机阅览电子书籍，甚至能把书下载下来回家或在随便什么地方阅读，比借阅纸质书籍快捷方便了许多。这一切都得益于航天数字传媒公司为村里的卫星数字农家书屋设备进行了升级，使其具有了手机阅览和图书下载等功能。

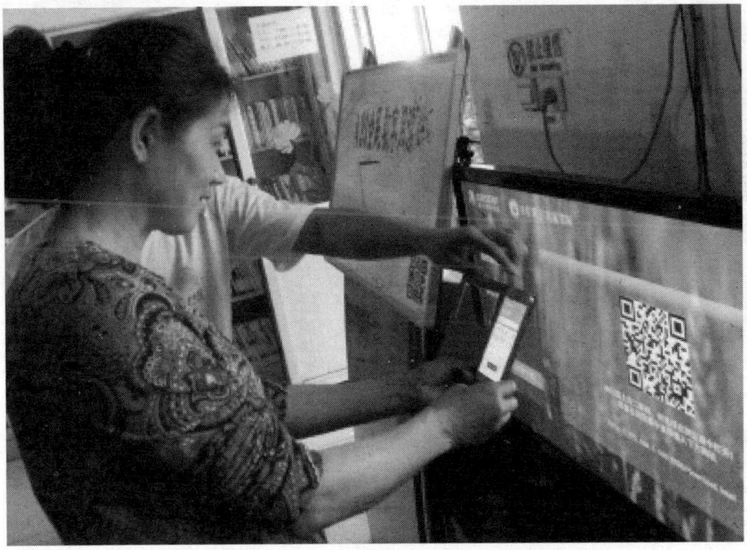

村民在技术人员指导下安装手机阅读软件

在村文化中心的农家书屋里，航天数媒技术人员手把手教村民如何用手机阅览电子图书。不一会儿工夫，就有几个村民掌握了手机阅览和下载图书的方法，为自己或为孩子下载了喜欢的图书。下载一本书只要几秒钟。

实现手机阅读并不复杂，在原有卫星数字农家书屋机顶盒上连接一个路由器，打开手机连接路由器，安装阅读软件，然后经简单操作，就可以进入机顶盒浏览内容，查找自己喜欢的书籍和报刊，整个过程仅需几分钟。

航天数媒技术人员表示，卫星数字农家书屋可以保证每年更新精品图书2000册，少儿绘本300册，全国各地主流报纸100份。

目前，航天数字传媒公司已在全国安装3万多套数字农家书屋终端设备，今年，还将在山东、青海、内蒙古等省（区）安装1万套终端设备，年底全国数字农家书屋将达到4万多个。北京市现有数字农家书屋204个。手机阅览图书功能将根据用户需求逐步实现。

（张昆平　《农民日报》　2015年5月8日）

农家书屋周刊

手机阅读走进农家书屋

六、内蒙古

根据国家新闻出版广电总局的文件精神，经内蒙古自治区财政厅批准，同意将草原书屋工程建设配套资金用于全区卫星数字农家书屋工程建设中。内蒙古截至2015年11月共完成1200套卫星数字农家书屋的建设。

（一）苏尼特左旗向社区赠送卫星数字农家书屋设备

1月14日，苏尼特左旗委宣传部深入满都拉图镇宝力格社区举行了卫星数字农家书屋设备发放仪式。

当日下午，满都拉图镇恩格尔社区、宝力格社区和恩格尔河管委会派代表接收了卫星数字农家书屋设备。这是苏尼特左旗为进一步加强文化惠民工程建设，旗委宣传部积极向盟里申请到的由国家新闻出版广电总局赠送的设备。

满都拉图镇宝力格社区主任涂桂芬高兴地说:"今天, 旗委宣传部为我社区发放卫星数字农家书屋设备，将为广大居民群众提供更好的学习平台,进一步改善文化娱乐的条件,会使群众精神文化生活更加丰富多彩！"

（额尔德尼 《内蒙古新闻网》 2015 年 1 月 19 日）

(二)红山区新建 20 个社区卫星数字农家书屋

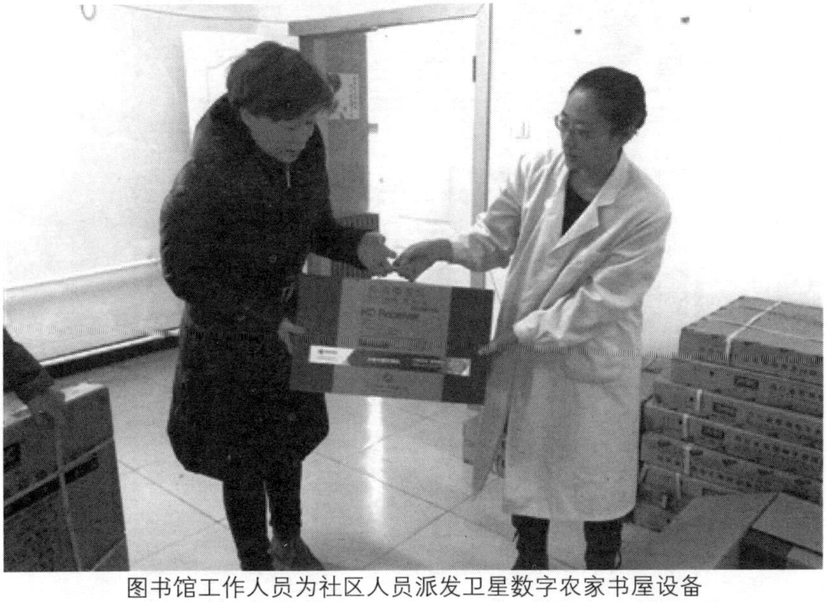

图书馆工作人员为社区人员派发卫星数字农家书屋设备

为了能够让社区市民更加贴近图书，热爱读书，解决居民看书难的问题，红山区文化局在红山区 20 个社区内新建卫星数字农家书屋。昨日，红山区图书馆的工作人员为 20 个社区负责人发放卫星数字农家书屋的仪器设备，包括高清播放机和波段卫星电视接收天线。据红山区文化局办公室主任耿俊曦介绍，数字书屋依托先进的卫星数字发行平台，对传统书屋进行数字化升级是传统书屋有益的重要补充。据了解，该工程利用卫星数字发行系统，将电子图书、杂志、报纸、音像制品等出版物以数字方式投递到卫星数字农家书屋中，具有覆盖面广、安全性高、内容更新快等特点和优势，社区居民可通过电视、投影、电脑等设备阅读观看。耿主任告诉记者，近日就会有专业人员进入社区安装，调试完成后居民就可以在卫星数字农家书屋里阅读图书，有效地解决传统书屋图书少、更新慢，居民看书难等问题。

（赵娜 《内蒙古晨报》 2015 年 2 月 5 日）

红山区新建20个社区数字书屋

（三）首批卫星数字农家书屋落户锡林浩特

为更好地向社区居民提供信息咨询与服务，近日，锡林浩特市文学艺术联合会组织专业技术人员为全市 7 个街道办事处的 28 个社区安装了卫星数字接收终端设备，首批卫星数字农家书屋落户锡林浩特市。

8 月 5 日，锡林浩特市希日塔拉街道办事处那达慕社区组织工作人员和居民收看卫星数字农家书屋新下载的社区服务类节目。有影有声的全新阅读方式，让人们感到很新鲜，大家看得津津有味。

卫星数字农家书屋是自治区新闻出版广电局在全区推进的试点工程，

今年完成1200家试点建设，设备包括电视、卫星高清播放机、卫星电视接收天线等。它利用卫星数字技术将电子图书、报纸杂志、影视等内容，以数字方式传递到农家书屋中。社区群众可以通过电视、播放机、投影仪、显示器等卫星连接终端设备集中免费接收阅读和观看。卫星数字农家书屋实行24小时内容更新，主要用于农村牧区远程教育、文化信息资源共享、农业技术培训和公共电子阅览，能观赏到数千部电影、电视剧、戏曲和上万册图书。

卫星数字农家书屋的建设，创新了阅读模式，解决了传统书屋报刊图书更新慢、运输不便、借阅不便等问题，对传统农家书屋形成有益补充，使农家书屋的传播能力得到大幅度的提高。

（文德丽 《锡林郭勒日报》 2015年8月13日）

（四）卫星数字农家书屋专用机落户贝尔社区

一台电视、一台卫星高清播放机、一根卫星电视接收天线，卫星数字书屋就开到了阿镇社区。卫星数字农家书屋利用卫星数字技术将电子图书、杂志、报纸、音像等内容，以数字方式传递到社区书屋中，居民群众可以通过电视、投影、电脑等卫星连接终端设备集中免费接收阅读和观看。

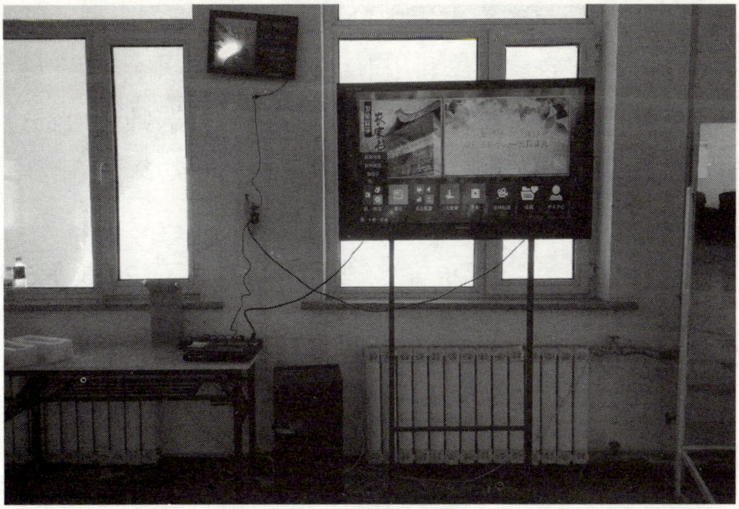

通过安装卫星数字发行系统，老百姓足不出户就能方便地获得最新的资讯，切实解决了传统书屋报纸图书投递难的问题，还实现优质数字出版物的有效整合，为社区读者提供内容丰富的信息服务和数字化的阅读体验。

（陈元薇 《新巴尔虎右旗网》 2015 年 5 月 13 日）

（五）卫星数字农家书屋落户呼和浩特民族学院

近日，在呼和浩特民族学院团委联系下，集读书、看报、看电影、听讲座等内容为一体的卫星数字农家书屋设备在该院图书馆六楼电脑室内安装完成并投入使用，受到师生欢迎。

据了解，该卫星数字农家书屋由自治区新闻出版广电局为呼和浩特民族学院捐赠。卫星数字农家书屋利用卫星数字发行系统，将电子图书、杂志、报纸、音像制品等出版物以数字方式投递到设备终端，师生可通过电视、投影等设备阅读、观看，有效解决了传统图书室图书种类少、更新慢等问题，使师生们切身体验到全媒体感官“盛宴”。

（王中宙 《呼和浩特日报》 2015 年 5 月 13 日）

七、青海

2014 年顺利完成了西宁市海东、海北地区 1000 个点的卫星数字农（牧）家书屋建设工作，在良性运行的基础上，2015 年 5 月启动在西宁、海东、海西、海南地区完成 2460 个卫星数字农家书屋的建设工作。

（一）大通县科文体局：卫星数字农家书屋逐步实施

2014 年 11 月 23 日，航天数字传媒有限公司的工作人员给 11 个乡镇 57 个行政村免费安装卫星数字农家书屋设备。通过卫星数字设备，大通县 11 个乡镇 57 个“美丽乡村”的群众就可以看到全国的最新报纸、图书、杂志、曲艺文艺节目等，让村民与外界联系更加紧密，既能丰富群众的文化生活，又能及时向农民传输农业致富的科技信息，让老百姓与科技的距离更近一步。

青海·大通

首页 政务要闻 领导之窗 政务公开 魅力大通 政民互动 投资大通 专题专栏

当前时间：2015年12月8日 11:00:30 大通 晴 9℃~-9℃ 无持续风向 微风 星期二 多云~晴 8℃~-10℃ 无持续风向

当前位置： 首页 > 政务公开 > 政府部门 > 县科文体局

· 县政府办
· 县经济局
· 县林业局
· 县公安局
· 县国土局
· 县就业局
· 县城管局

县科文体局：“卫星数字农家书屋”逐步实施

发布日期：2014年12月05日 浏览次数：63次 [返回上页] [打印本页] [关闭页面]

2014年11月23日航天数字传媒有限公司的工作人员给11个乡镇57个行政村免费安装“卫星数字农家书屋”设备。“卫星数字农家书屋”是一种新型的综合性卫星数字服务平台，利用卫星技术，将高品质的多媒体文件、电子图书、杂志、报纸、音像等内容以数字的方式投递到农家书屋中，农民可以通过电视、投影、电脑等卫星连接的终端设备进行集中免费接收阅读和收看。卫星数字书屋每年可提供2000多小时视频类节目、2000多册图书、100多种报纸和几十种杂志，并能天天更新。通过卫星数字设备，大通县11个乡镇57个“美丽乡村”的群众就可以看到全国的最新报纸、图书杂志、曲艺文艺节目等，让村民与外界联系更加紧密，既能丰富群众的文化生活，又能及时向农民传输农业致富的科技信息，让老百姓与科技的距离更近一步。

（二）西宁市城北区 38 个村农家书屋安装新设备

近日，为更好地建设农家书屋，在西宁市城北区科技文体旅游局的协调配合下，省文化和新闻出版厅为城北区 38 个村农家书屋配送卫星安装设备。

此次配送的设备由省文化和新闻出版厅提供，包括农家书屋卫星接收器、机顶盒和宣传图册共 38 套。目前，设备已在城北区 38 个村安装完毕，方便村民有选择性地阅读报纸、期刊，观看新闻类节目，满足村民的精神需求，完善农村农家书屋建设。

（《青海新闻网》 2014 年 12 月 10 日）

（三）海晏县农（牧）家书屋和卫星数字农家书屋工程通过省级验收

近日，省文化和新闻出版厅、省财政厅组织 16 名工作人员到海晏县对农（牧）家卫星数字农家书屋的管理进行验收。通过对新建的农家书屋的检查，了解到各书屋在书籍的管理，各项软、硬件设施配备及各项管理制度落实方面情况良好，符合验收标准。同时，检查组工作人员与书屋管理员进行了座谈，指导了业务。

农（牧）家卫星数字农家书屋对进一步推进先进文化的传播，全面普及科技知识，提高农牧民群众的科学文化素质，促进广大农牧区经济文化社会各项事业协调发展具有十分重要的意义。

八、西藏

截至 2015 年 11 月，航天数字传媒有限公司助力西藏自治区完成 1000 个卫星数字农家书屋建设。

（一）西藏建成首个卫星数字农家书屋

日前，拉萨市堆龙德庆县东嘎镇桑木村群众齐聚村委会，迎接西藏自治区第一个卫星数字农家书屋试点工程在桑木村落户。这标志着西藏卫星数字农家书屋试点工程正式启动。

据介绍，此次先期试点运行的 10 套卫星数字农家书屋设备，是由中国航天科技集团向西藏自治区捐赠，分别分配到拉萨市堆龙德庆县、拉萨市城关区和林芝地区。在总结前期运行经验的基础上，今年年底前，全区将完成 1000 个卫星数字农家书屋的试运行。

“有了这家伙，我们的信息来源会更广泛、更及时，农家书屋成为我们农牧民的心肝宝贝，我们能从中学到许多实用技术，将来对国家的大政方针也能更加及时地了解。希望在学会使用卫星数字技术后，能为我们农牧民阅读带来更多的便利和实惠。”桑木村村民巴桑卓嘎期盼地说。

（刘卓文 《中国新闻出版网》 2013 年 1 月 10 日）

（二）首家卫星数字农家书屋正式落户林芝

扎村村民在卫星数字农家书屋学习科技知识

近日，西藏林芝地区首家卫星数字农家书屋试点工程在朗县拉多乡扎村村委会正式落户。

据了解，该项目是在原有农家书屋的基础上建成的卫星数字农家书屋，利用航天高新技术打造卫星数字平台，将高品质的音像制品、图书、杂志、报纸等数字出版物，通过卫星多媒体传送到农家书屋中，村民可通过电视、投影、电脑等终端设备选取和阅读观看。

目前，扎村卫星数字农家书屋配备管理人员1名，进行日常的管理和维护。

广大村民纷纷表示：“农家书屋真正成为了我们的文化大课堂。在这里，我们按个人的不同需求，既可以阅读各种图书和报刊，也可以收看各类新闻和娱乐节目；既可以学习基本文化知识、培训种植养殖技能，也可以了解党的方针政策、学习国家的法律法规。”

（马静 《中国西藏网》 2013年1月24日）

(三)“世界读书日”西藏书友体验全国首个藏汉双语数字阅读平台

由西藏自治区全民阅读活动领导小组、区新闻出版广电局启动的“西藏书屋书香”全民阅读活动在区新华书店启动，在第20个世界读书日为拉萨市民送上了丰富的阅读大餐。

活动现场除了推出为广大书友送上万册图书免费赠送和打折购书等便利活动的同时，也让书友们体验到了全国首个藏汉双语数字阅读平台——“雪域书猫”和卫星数字农家书屋的使用。

据介绍，卫星数字农家书屋是航天技术民用的重要成果，将数字化图书、报纸、期刊、音像等出版物内容通过专有的接收和存储装置投递到书屋用户终端中，用户可以通过电视、投影、电脑等多种设备随时阅读和观看。

航天数字传媒有限公司政府与公共服务部副总经理陈雪介绍，2010年，卫星数字农家书屋项目开始在全国范围内进行数字化覆盖工作，截至目前，已与西藏等全国16个省(区、市)合作建立卫星数字农家书屋近3万家。由于其应用便捷、更新快速、内容丰富、使用简单，受到了试点地区政府的高度肯定，也得到农民群众的一致欢迎和认可。

（普布次仁　《央广网》　2015年4月23日）

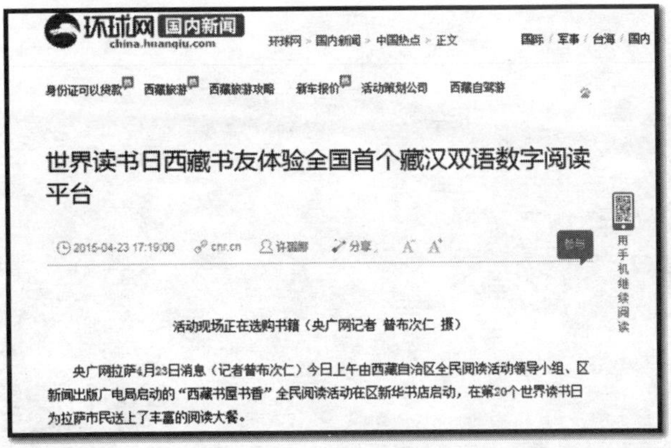
环球网 国内新闻 china.huanqiu.com

环球网 > 国内新闻 > 中国热点 > 正文　国际 / 军事 / 台海 / 国内

身份证可以贷款　西藏旅游　西藏旅游攻略　新车报价　活动策划公司　西藏自驾游

世界读书日西藏书友体验全国首个藏汉双语数字阅读平台

2015-04-23 17:19:00　cnr.cn　许璐卿　分享

用手机继续阅读

活动现场正在选购书籍（央广网记者 普布次仁 摄）

央广网拉萨4月23日消息（记者普布次仁）今日上午由西藏自治区全民阅读活动领导小组、区新闻出版广电局启动的“西藏书屋书香”全民阅读活动在区新华书店启动，在第20个世界读书日为拉萨市民送上了丰富的阅读大餐。

（四）帐篷书屋落户西藏日喀则市“4·25”地震受灾群众安置点

受灾群众安置点的帐篷书屋

尼泊尔“4·25”地震发生后，西藏自治区新闻出版广电局按照区党委、政府要求，已先后在日喀则市聂拉木、定日等县17个受灾群众安置点建设了帐篷书屋，以满足灾区群众精神文化需求。

帐篷书屋提供了《中国家庭应急手册》(藏汉双语)、《地震来了怎么办》(藏汉双语)等1000多册图书和挂图，免费向群众提供阅读服务。同时，在人口较为集中的安置点的帐篷书屋安装了卫星数字农家书屋设备，为群众提供上千种数字书报刊和少儿、科技、动漫节目及影视剧。

受灾群众安置点的帐篷书屋

帐篷书屋的设立，在满足受灾群众精神文化生活需求，缓解受灾群众心理压力，实施灾后重建，恢复正常生产生活方面起到了积极作用。

(五)卫星数字农家书屋落户西藏

随着航天数字传媒有限公司提供的1000套内设WIFI的卫星数字农家书屋设备走进西藏，西藏自治区百姓即将享受到品质更高、内容更丰富的公共文化服务。为了确保这项民心工程落实好，西藏自治区卫星数字农家书屋设备安装使用培训会议近日在拉萨召开。

据悉，本次安装的1000套卫星数字农家书屋设备均为航天数字传媒有限公司最新研究成果，有内置WIFI等功能，卫星数字农家书屋里的节目可以下载到手机里随时随地观看，阅读更加便捷，为自治区百姓提供了多样化的数字阅读服务。根据藏区的生产生活特点，卫星数字农家书屋的栏目、节目投递计划都做了全新的定制化部署，更贴近西藏牧区的阅读需要。此外，目前卫星数字农家书屋还完成了包括西藏、新疆、广西、内蒙古、宁夏、云南、青海等全国几大少数民族聚集地区布点建设任务。

据航天数媒相关负责人介绍，未来该公司还将利用卫星平台服务卫生系统，用于边远地区远程会诊、健康宣教，服务更多的少数民族群众，让公共文化服务的阳光照向更多人群。

（六）山南向150个农家书屋发放卫星数字农家书屋设备

日前，自治区新闻出版广电局为山南地区配发了150套卫星数字农家书屋设备。

11月5日，山南地区文化局举办了向12县的150个农家书屋发放了150套卫星数字农家书屋设备发放仪式。仪式结束后，各县技术人员参加了卫星数字农家书屋设备安装使用培训班。培训内容包括卫星数字农家书屋设备施工工艺、安装流程、设备操作方法及注意事项等，侧重实际安装操作和故障维修维护，确保山南地区基层卫星数字农家书屋设备发挥效益。

（巴桑卓玛 《山南网》 2015年11月10日）

卫星数字农家书屋进入西藏，服务少数民族同胞

（七）西藏山南：文化惠民打通最后一公里

“村里有了农家书屋，我们碰上农技方面的问题可以来找书本解决，孩子放假了也可以到这儿写作业。”西藏山南地区乃东县克松村村民仓决说。

农家书屋不但为克松村村民发家致富提供了智力支持，平日里还开展读书文娱活动，丰富了村民的文化生活。在寒暑假，书屋管理员会专门开办

"书屋里的读书声"活动,辅导孩子们藏、汉双语学习和阅读。村里还组织集中读书、送书入户、邀请村民阅读等活动,定期在村与村之间开展图书流转。

克松村只是西藏山南地区文化惠民走村入户的受益地之一。2014 年,山南地区从 12 个县中选择 20 个行政村,开展基层综合性文化服务中心建设试点工作,使得文化惠民打通了最后一公里。

在试点村,山南地区文化部门推广"1 台 2 场 3 栏 4 室"的标准化模式。"1 台"为露天舞台,"2 场"为综合文体广场和篮球场,"3 栏"为文化宣传信息栏、新旧对比展示栏和村史村情宣传栏,"4 室"为图书阅览室、文娱活动室、党员活动室和综合服务室。

每个试点村都有村级文化指导员 1 名,有业余文艺宣传队或藏戏表演队和卓舞表演队,每年开展文化活动至少 5 场次。在试点村,农家书屋书籍平均 1500 册,同时建有文化信息资源共享工程基层服务点,实现了网络全覆盖和设施免费开放。

试点村还配置了数字书屋卫星接收设备、电视机、投影仪、DVD 和音响设备,群众每年观看戏剧或文艺演出 3 场以上,每个行政村每月放映电影 2 场以上,深受群众欢迎。

目前,山南地区建设了农家书屋 554 个、寺庙书屋 252 个,农村电影放映工程每年放映 1 万余场次,各类综合文化站活动场所实现了地县乡村四级全覆盖,较好地满足了广大农民群众的精神文化需求。

"2014 年,西藏山南地区被列为全国首批基层综合性文化服务中心试点地区,对我们工作有了极大促进。"山南地区文化部门创建办负责人鲍贤青说,"公共文化服务进村入户,群众实实在在地享受了文化发展果实。"

(九)举办卫星数字农家书屋安装培训

那曲地区文化局相关工作人员,带着中国航天数字传媒有限公司捐赠的卫星数字农家书屋设备,深入那曲地区 11 县进行安装培训。通过培训,至少每个县有 2 人以上能够熟练掌握卫星数字农家书屋安装、调试与使用技能。

与此同时，那曲地区新闻出版局为做好卫星数字农家书屋运行准备工作，强化卫星数字农家书屋设备的管理和维护，制定了卫星数字设备管理责任书。要求各县不但要安装好卫星数字农家书屋设备，还要管理好、维护好，努力做到有部署、有措施、有检查、有落实，实行设备目标管理，层层签订

设备维护目标责任书，落实管理责任，杜绝设备损坏和硬盘丢失等现象发生。

（索朗琼珠 《中国西藏新闻网》 2015 年 12 月 4 日）

卫星数字农家书屋进入西藏，服务少数民族同胞

九、新疆

2012年，航天数字传媒有限公司向新疆维吾尔自治区捐赠50套卫星数字农家书屋设备，在全疆分布安装并实施完毕，反响和效果很好。

“我至今还记得学生们第一次通过卫星数字设备接收器，在电视上收看远程教学课程、电子书、报纸、电影、期刊等多种资料时脸上所浮现出的喜悦。”2月28日，在新疆乌鲁木齐市米东区古牧地镇上沙河村卫星数字农家书屋里，书屋管理员李传萍在讲起自从有了数字卫星接收设备后，村里农家书屋的变化时滔滔不绝：“以前就只有部分孩子来书屋借书，现在每天放学后，孩子们都是成群结伙地到这里来看各类电子教学课程，一看就是1个多小时，周末、假期也来。以前村里都是一个月放2次电影，现在村民们到书屋来，随时就能看到比较新的电影，所以大家经常相约着一起来……”

新疆维吾尔自治区农家书屋工程于2007年启动，历经6年建设，截至2012年，新疆共建成9034个农家书屋，实现覆盖新疆所有行政村和南疆三地州乡镇的建设目标。2013年年初，在国家新闻出版广电总局的建议与支持下，自治区新闻出版局与中国航天数字传媒有限公司合作，给乌鲁木齐市和昌吉回族自治州的30个农家书屋安装了数字卫星接收设备，作为全区首批数字卫星农家书屋试点。

自治区新闻出版局项目办副调研员裴金鸿说：卫星数字农家书屋是利用卫星数字发行系统，将高品质多媒体文件、电子图书、杂志、报纸、音像等内容以数字化方式投递到农牧民群众身边。卫星数字书屋让我区农家书屋提档升级，更具有吸引力。半年多的时间，全区30家试点数字卫星农家书屋的使用情况，为卫星数字农家书屋在全区推进提供了启示。

启示一：快而丰富，传统农家书屋的有益补充。

“我们书屋里的这台电视机啥都能看，除了新闻、电影、电视剧、纪录片，还有图书、杂志、报纸，等等，就是一个‘百宝箱’。而且操作很简单，你看就只按按遥控器就能看到你需要看的内容了。”乌鲁木齐市米东区古牧地镇上沙河村村民席秀慧乐呵呵地给记者演示着。“就是就是，不仅内容多，而且更新得也特别快，我喜欢看军事类、生活类的一些杂志，还有电影等都是周周更新呢。我隔三差五就来看。”站在一边的村民田玉清迫不及待地接过话来。

乌鲁木齐永丰乡永新村村委会副主任武金梅告诉记者，永新村农家书屋自从有了卫星数字接收设备后，每月一次的党员学习都变得生动多了。以前的党员学习只是念文件、材料，等等，现在我们可以通过这套设备看到先进人物鲜活的事迹，这样的学习让大家感悟更多。

裴金鸿说卫星数字农家书屋有“内容多、更新快、覆盖广”，在具备终端设备的情况下信息接收不受时间、地域影响等特点与优势，非常适合全区广大农牧区和偏远地区出版物的供给，可以成为全区传统农家书屋数字化升级的有益补充。

启示二：因地制宜，让数字农家书屋发挥实效。

“从试点情况看，我区卫星数字农家书屋推进存在少数民族数字出版资源不足和缺乏整合的问题。”裴金鸿说。新疆为多民族聚居区，有 80%的少数民族群众生活在农牧区。现在，试点卫星数字农家书屋所接收的出版资源为全国同步资源，缺乏针对少数民族民文语种的内容。

“这也是我区卫星数字农家书屋推进中亟须解决的问题。”裴金鸿说。数字卫星农家书屋非常适合全区农家书屋建设实际和基层需求，但资源缺乏会制约数字卫星农家书屋推广。所以，“要尽快建设新疆民汉文数字出版新媒体平台，有效整合民文语种出版资源，将这些资源上星进行传输，推动我区出版内容资源与新兴传播手段相结合，提升数字出版服务农家书屋建设，让数字农家书屋更好地服务群众。”裴金鸿说，“我区卫星数字农家书屋较全国而言起步晚，除了需资金支持外，还需要更多的技术指导。”

（李菡 《新疆日报》 2014 年 3 月 4 日）

文化周刊

卫星数字书屋：
让我区农家书屋
提档升级，更具吸引力

十、江苏

江苏省自 2013 年起建设并投入使用的卫星数字农家书屋共 220 个。

2012年，盐城市在新丰镇裕北村等 120 家行政村建起了数字农家书屋，这是盐城市第一个建成数字阅读的县(市)区。数字农家书屋的建立使盐城市的农家书屋上了一个新的台阶。今年在省新闻出版局的支持下，盐城市西团镇北团村、新丰镇方强居委会同时建起了卫星农家书屋，于 4 月 26 日投入使用。

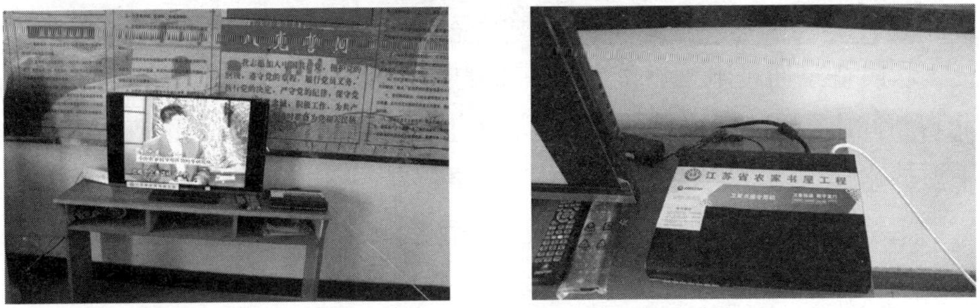

盐城市卫星数字农家书屋使用的设备

一台宽屏彩电、一个数字专用机,就构成了一个卫星数字农家书屋。卫星数字农家书屋集多媒体文件、电子图书、杂志、报纸、音像等内容为一体,通过覆盖全国的卫星网络下载更新,容量达1000G。市民不仅可免费观看,还能用U盘等设备拷回家。今后卫星数字农家书屋将逐步走向农村,走进社区,给市民阅读带来更多便利。

(董开华　文广新局　2013年4月28日)

十一、湖北

为全力支持湖北省建立新型综合性卫星数字农家书屋信息服务平台,形成覆盖湖北省广大农村的公益性基层文化服务平台和网络体系,促进当地农村公共文化服务水平和质量上一个新台阶,自2011年10月至2015年12月,湖北省已建设2000个卫星数字农家书屋试点。

(一)电视上看电子书籍

农民在家通过电视就能看到需要的图书和报纸等电子书籍。近日,湖北省新闻出版局与中国航天科技集团直播星公司在京签署卫星数字农家书屋战略合作协议,计划在全省推广卫星数字农家书屋。

卫星数字农家书屋运用卫星技术,解决了传统农家书屋读物更新慢、运输不便、借阅不便、内容不足、可持续性不强等问题,将高品质的海量视频读物、音频读物、电子图书、杂志、报纸、音像等内容以数字方式投递到任何一个农家书屋，农民在家就可以通过电视、投影、电脑等与卫星连接的终端设备阅读和观看。卫星数字农家书屋能够极大地提升出版物在农村地区的覆盖，建立起一条健康、合法、主流的新闻出版传播渠道。

（陈熹 《湖北日报》 2010 年 11 月 11 日）

（二）大洪山卫星农家书屋建成投入使用

打开电视机，只需一个遥控器，山村老百姓便可以随意浏览、阅读海量的电子图书，享受和城里人一样方便、快捷的借书体验。近日，大洪山风景名胜区又一项文化惠民工程——卫星数字农家书屋建成投入使用。

卫星数字农家书屋建设工程是景区 2011 年向湖北省广播电影电视新闻出版局申报的文化惠民工程，大洪山被列入随州市首批重点建设单位。2013 年 9 月底，卫星数字农家书屋安装工作启动。通过专业技术人员与文化工作者近半月的努力，全区 9 个村卫星数字农家书屋的安装调试工作全部结束，覆盖率达到 100%。目前，景区正组织全区农村文化辅导员进行集训。

该卫星数字农家书屋以海量的内存、丰富的内容（包括图书、杂志、报纸、科技信息、文化遗产、电影、电视剧、综艺等），配以高清的数字传输技术，不仅为景区基层普及科技文化知识搭建了一个良好的平台，也为丰富景区人民和广大游客的文化生活起到了完善和补充作用。

（洋洋 《随州日报》 2013 年 10 月 3 日）

（三）卫星数字农家书屋落户神农架

2013 年 9 月 16 日上午，卫星数字农家书屋工程启动仪式在松柏镇八角庙村举行，标志着神农架卫星数字农家书屋全覆盖工程全面启动。

卫星数字农家书屋是省委、省政府启动的又一项重大文化惠民工程。我区经过艰辛争取，成为全省第一批 7 个县市试点之一，也是全省一次性全覆盖地区，这是林区党委、政府推进文化惠民的又一举措，必将为提升我区人民群众科技文化知识提供强大智力支持。

神农架卫星数字农家书屋

（四）保康县农家书屋全部建成

由航天传媒协助，于 2013 年 7 月开始安装，12 月底 293 套卫星农家书屋全部安装结束，这标志着历时 7 年建设，累计投资 4000 多万元的保康县农家实体书屋和卫星电子书屋，在全县 257 个村和 4 个社区实行了全覆盖。

通过农家书屋建设，培养乡村农民好读书、读好书、用好书的积极向上的生活习惯，摒弃打牌、喝酒、网聊的低级娱乐活动，使农家书屋真正成为乡

村农民心灵成长的加油站，储备知识的工具箱，提高素质的蓄电池，指导发展的方向盘，为乡村农民科技致富和精神文明建设提供良好的信息平台。

（徐炳　余均治　梁修全　《湖北新闻网》 2014 年 3 月 20 日）

（五）卫星数字农家书屋助力湖北省“书香门第　耕读人家”主题活动暨宜都市第九届农民读书节

2015 年 11 月 17 日上午，湖北省“书香门第　耕读人家”主题活动暨宜都市第九届农民读书节在宜都市文体中心开幕。此次活动由湖北省省委宣传部、省全阅办、省文明办、省新闻出版广电局主办，中共宜都市委、市政府承办。湖北省相关领导、各地市分管农家书屋工作的新闻出版广电部门领导、地市级代表、媒体记者共计 137 人参加此次活动。活动分为以下三部分：表彰大会启动仪式；第九届读书节总结表彰仪式；现场捐赠环节，卫星数字农家书屋项目总监蔡国峰代表航天数字传媒公司向宜都市捐赠卫星数字农家书屋设备。

航天数字传媒有限公司向宜都市捐赠卫星接收设备

湖北省新闻出版广电局副局长谢铭在活动会上说，全民阅读、深耕农村大有可为，希望通过系列主题活动的举办，以及各级部门的努力，在全省再推出一批农家书屋，“在管理和使用上做好工作，更好地为农民在科学种养殖、丰富文化精神等方面提供服务，推动‘三农’事业发展。”谢铭还着重提到航天数字传媒公司在湖北省农家书屋建设工作中所做出的贡献。卫星数字农家书屋在湖北省已经建成并投入使用 2000 家，服务覆盖区域的基层百姓对卫星数字农家书屋的评价很好，希望航天数字传媒公司继续为湖北省的农家书屋数字化升级提档建设发挥技术优势和品牌力量。

当地群众在航天数字传媒公司展位前领取卫星数字农家书屋宣传册

此次活动让广大书屋建设者、管理者以及图书出版单位、卫星数字农家书屋建设单位与农民群众面对面进行交流，畅所欲言，共谋良策，将更好地推进农家书屋服务农村、服务农业、服务农民，为农民群众提供源源不断的精神食粮和智力支持。

2015 年 11 月 17 日下午，全省农家书屋工程建设管理及培训工作会召开，湖北省新闻出版广电局发行处处长邓世清主持会议，湖北省宜都市副市长严永梅介绍工作经验，荆州、天门、恩施州、神农架林区等地相关人员介绍农家书屋管理经验，湖北省新闻出版广电局副局长谢铭传达全国农家书屋工作推进会会议精神和工作要求。航天数字传媒公司作为卫星数字农家书屋建设单位参与经验交流，航天数字传媒公司卫星数字农家书屋品牌经理徐继怀向与会各级领导作《科技助力农家书屋工程提档升级》主题发言，主要介绍卫星数字农家书屋的建设背景、建设成果、服务保障，通告卫星数字农家书屋品牌活动计划及创建湖北省卫星数字农家书屋工作交流微信群等事项。

品牌经理徐继怀做主题发言

航天数字传媒公司卫星数字农家书屋产品经理耿孟冉就湖北省关注的栏目设置、节目内容、投递更新频次、设备使用等问题进行了细致专业的培训，将湖北省关注的各类产品问题一一解答，得到了与会代表的认可和好评。

产品经理耿孟冉做相关培训

湖北省新闻出版广电局发行处处长邓世清作总结讲话，对大会的成功召开表示祝贺，对参会各市区分享的农家书屋管理经验表示肯定并就未来一个时期内湖北省农家书屋工程建设工作提出相关要求和工作任务，对航天数字传媒公司卫星数字农家书屋的建设模式及科技创新性表示肯定，鼓励参会领导同志积极与航天数字传媒公司探讨数字农家书屋落地建设模式。

此次，参与湖北省农家书屋建设管理大会是对航天数字传媒公司卫星数字农家书屋项目在湖北省建设工作阶段性总结，对湖北省卫星数字农家书屋工程在“十三五”期间的发展规划具有指导意义。

（徐继怀 《航天数字传媒》 2015 年 11 月 17 日）

十二、广西

广西壮族自治区是彝、苗、仡佬、壮、汉等多民族聚集区域，是典型的老少边穷地区，截至 2015 年 11 月，卫星数字农家书屋在广西建成并投入使用 800 个，有效缓解了当地人民群众读书难、看报难等基层文化需求，更好地贴近了少数民族群众的阅读需求。

（一）广西将推广卫星数字农家书屋

2013 年 9 月 4 日上午，第二届中国-东盟出版博览会在南宁开幕。当天，自治区新闻出版局与航天数字传媒有限公司签订了卫星数字农家书屋战略合作协议，今后，农民朋友有机会在家通过电视看到所需的图书、报纸等电子刊物。

签订卫星数字农家书屋战略合作协议现场

卫星数字农家书屋是利用卫星数字发行系统，将高品质多媒体文件、电子图书、杂志、报纸、音像等内容以数字方式投递到任何一个农家书屋中，农民可通过电视、投影、电脑、手机等卫星连接终端设备集中接收阅读和观看。

航天数字传媒有限公司工作人员介绍：“以后，一台电视、一台卫星高清播放机、一根卫星电视接收天线，卫星数字农家书屋就能开到农民家。”据了解，目前，广西已建设1.4万多家传统农家书屋，利用卫星数字发行系统，老百姓可足不出户就方便地获得最新的资讯，解决传统书屋报纸、图书更新慢、运输不便、借阅不便、内容不足等问题。近年来，北京、陕西、云南、湖北、宁夏、河北等省市区均已开始利用卫星建立数字农家书屋。

（郭燕群 《广西新闻网－南国早报》 2013年9月5日）

（二）广西壮族自治区百色市农家书屋培训及试点情况报告

1. 农家书屋培训会

2015年11月12日，广西壮族自治区百色市农家书屋培训会在百色召开。

首先，由南宁市新华书店培训老师宣讲卫星数字农家书屋意义和管理员注意事项，内容包括接货、设备使用及维护知识。

新华书店培训老师在做课前准备

其次，由航天数字传媒公司农家书屋区域经理徐静辉宣讲卫星数字农家书屋特点，公司精神，国家对农家书屋项目的支持，国家新闻出版广电总局对农家书屋的重视程度。强调卫星数字农家书屋售后服务客服的意义，以及未来农家书屋的发展前景，并通过播放农家书屋宣传片，让此次参会的各级领导和管理人员，对卫星数字农家书屋有了较为感性的认识。

广西区域经理徐静辉介绍项目概况

学员认真听讲，翻看资料，座无虚席

培训会期间，农家书屋项目实施经理李贺讲述了卫星数字农家书屋使用和操作规范，进行了卫星数字农家书屋产品操作演示，对卫星数字农家书屋中的内容板块做了逐一讲解，对此次参加培训人员，从理论到实际设备操作进行了系统培训，并对报纸、绘本、幼儿教育三类特色内容栏目进行了播放演示，激发了培训人员的兴趣，从而使各区县管理人员和操作人员从多方面掌握了使用及维护卫星数字农家书屋设备的技能和方法；还展示了农家书屋独具特色的种植、养殖、机械板块，并以新疆实例为管理员们讲解致富故事；对农家书屋高品质电影、纪录片、视频做了简明直接的演示，展示了部分进口高清原版国外影片；对设备的个人中心和设置两个板块进行分解式深入讲解并结合当地使用情况，逐一说明了每个板块的功能及在使用当中起到的作用。

现场讲解产品的使用操作

2. 试点参观与交流

(1)沙梨乡母施村文化服务中心

母施村位于百色市隆林县沙梨乡东南面，距乡政府 8 公里，距县城 36 公里，隆百高速公路横穿全村中心，交通十分便利。全村 11 个自然屯，21 个村民小组，662 户 3366 人，党支部一个，党员 39 名，主要盛产板栗、油茶、桑蚕，养殖业偏重黄牛养殖。2013 年被广西环保厅授了“自治区级生态村”称号，2013 年 11 月被广西壮族自治区新闻出版局评为“2013 年全区示范农家书屋”。

2014 年，该村服务站受到市局的高度重视，特拨款 10 万元，将原来的一层服务中心扩展为 2 层小楼，服务面积增加了一倍。

进入到 2 楼农家书屋体验屋时，首先映入眼帘的是农家书屋铜牌和

2013 年该书屋所获的荣誉。

母施村服务站门口

进入活动间后，整个房间干净整洁，传统的农家书屋占据了房间的后半部分，前部是最新的卫星数字农家书屋，操作设备小巧方便，墙上张贴着使用规范。

活动中心传统农家书屋

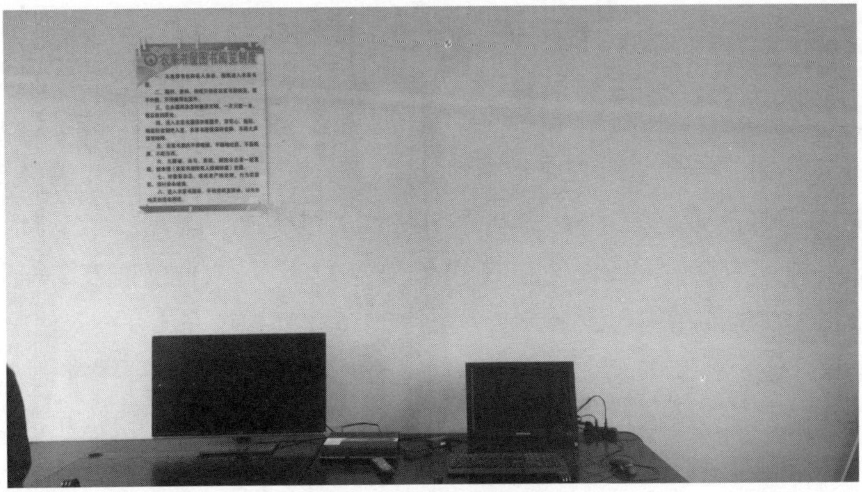

最新配置的卫星数字农家书屋

卫星数字农家书屋的管理者罗春耀主任认真介绍了农家书屋的使用情况，并表示卫星数字农家书屋受到了当地村民的热烈欢迎。村民们经常在农闲之余，不约而同地来到卫星数字农家书屋，一来学习科普、农业、文化知识，二来听书、读报、看电影，丰富了大家的文化生活。对于农村留守儿童，卫星数字农家书屋的儿童教育图书和少儿绘本，更是吸引了孩子们在书屋开放前就候在门前。对于孩子们而言，卫星数字农家书屋不仅成了人生的第一课堂，也成了他们童年不可缺少的一份快乐回忆。

航天数字传媒公司人员与书屋管理者交流

(2)隆林各族自治县新州镇含山村文化服务中心(在建)

2015年11月14日,在隆林县新闻出版广电局同志的带领下,我们来到了正在建设的含山村文化活动中心。据介绍,隆林县既是革命老区,又是云南与广西的交界地区,还是贫困地区,经济欠发达。该地区聚集着彝、苗、仡佬、壮等民族,是典型的老少边穷地区。含山村作为隆林县的新农村代表,也是当地大力建设的农民新村的重点,在文化娱乐、教育传播方面都受到了市里和县里的重视。该服务中心预计2016年初建设完成并投入使用,除了书屋外还设有文化大戏台、室内文化娱乐中心等。目前主要困难是,在多民族的老少边穷地区,文化建设和宣传不仅需要社会各界的帮助,也需要国家的扶持,就现在而言,当文化服务中心建成后,便需要一些设备(例如:电视、投影、音响等),如果硬件条件得到满足,借助航天数字传媒和社会的帮助,定会将卫星数字农家书屋建设得更好,将科学文化宣传搞活,为新农村建设添砖加瓦。

介绍正在建设的服务中心

介绍含山村的规划蓝图

（李贺 《航天数字传媒》 2015 年 11 月 12 日）

十三、云南

自 2011 年 11 月~2015 年 12 月，云南省建设并使用的卫星数字农家书屋共计 2000 个。卫星数字农家书屋中的《彩云之南》栏目，将具有民族特色的傣语、景颇语等少数民族优秀节目通过卫星平台投递到少数民族聚居区域，使得民族特色内容进村、入户、到人。

（一）云南将建卫星数字农家书屋

“云南省卫星数字农家书屋项目战略合作签字仪式”22 日在昆明举行，云南由此成为卫星数字农家书屋工程率先服务的省份之一。

参加签字仪式的双方分别为云南省新闻出版局与中国卫通集团航天数字传媒有限公司。据中国卫通集团总经理卓超介绍，卫星数字农家书屋是中国卫通集团航天数字传媒有限公司以航天的卫星资源及技术优势为依托，建立起的一个以容量大、全国覆盖、更新及时等突出优势为特点的服务和管理平台，是为全国农村公共文化设施建设提供的一种创新思路，也是传统农家书屋工程的有益补充和延伸。通过这个平台，农民朋友在家里就可以看到丰富的影视大片、各类电子书刊及全国上百份报纸。

云南省新闻出版局局长表示，卫星数字农家书屋的建设，将普及和提升出版物在农村地区的传播，丰富广大农民朋友的文化生活，满足农民群众迫切的文化需求和愿望。

据悉，近年来云南省积极探索农家书屋发展模式，在全省范围内建立了“农村党员书屋”“国门书屋”“手拉手红领巾书屋” 等一系列新颖的书屋形式，很好地与农村文化前沿阵地建设和“边防文化工程”建设相结合，在体现地域化特色上起到了突出的示范作用。

（周洪鹏 《新华社》 2011年12月22日）

（二）卫星数字农家书屋

目前迪庆藏族自治州已经建设了600个卫星数字农家书屋，该州技术人员先后深入29个乡（镇）进行安装培训，保证每个乡（镇）有2人能够熟练掌握卫星数字农家书屋安装、调试、使用技能。

（《中华工商时报》 2014年3月18日）

迪庆州藏族同胞在调整卫星数字农家书屋的天线

（三）云南省镇沅县有了卫星数字农家书屋

近日，云南省镇沅彝族哈尼族拉祜族自治县首家卫星数字农家书屋落户田坝乡岔河村。

据了解，岔河村卫星数字农家书屋应用模式是利用卫星数字发行平台，将数字化图书、报纸、期刊、音像等内容通过专有的接收和存储装置投递到农家书屋媒体终端中，村民可以通过电视、投影、电脑及音响等设备随时阅读和观看，足不出户就可以在农家书屋享受高品质的文化生活。

岔河村的乡亲们竖起大拇指赞誉卫星数字农家书屋。乡亲们说，有了它，就可学习最新的农家致富技术、欣赏电影歌曲，是能帮助大家致富奔小康的百科全书。

（李拥军 《中国新闻出版报》 2015 年 3 月 18 日）

（四）北京航天数字传媒验收小组对芒市卫星农家书屋进行调研

2013 年 8 月 30 日，北京航天数字传媒验收小组在内容部总监王凡的带领下，在州图书馆副馆长王丹、芒市图书馆馆长周忠桦等人的陪同下，对芒市卫星数字农家书屋项目进行项目验收与基层内容调研。

调研组一行首先深入到实地，重点对芒市风平镇芒赛村以及遮放镇南见村安装卫星数字的农户家庭进行调研。在调研的过程中，北京航天数字传媒验收小组的工作人员，认真听取农户的意见和建议，并对农户们进行技术指导。

调研组还认真查阅了相关痕迹资料和汇报材料，同时也提出了宝贵的意见和建议，为今后卫星数字农家书屋工作顺利开展打下了基础。

在下步工作中，芒市图书馆将继续把卫星数字农家书屋作为一项重点工程来抓，不断加强卫星数字农家书屋建设。充分发挥卫星数字农家书屋的作用，使卫星数字农家书屋成为实实在在的惠民工程。

（潞西市图书馆 2013 年 9 月 22 日）

十四、海南

2015年12月,海南省建成并投入使用的卫星数字农家书屋共计270个。

2015年,五指山市将继续实施“六大文化惠民”工程,加快发展文化事业,不断完善城乡公共服务体系,新建农村文体活动室和村级健身广场各10个,做好63间卫星数字农家书屋建设示范点工作,开展各种文化活动30场次以上,放映电影750场以上。

此外,五指山市提出要保护黎族、苗族传统文化,加强非物质文化遗产和文物保护工作。

（刘丽萍　孙春丽　《南海网》 2015年2月4日）

十五、山西

2011年9月,中国航天科技集团公司与山西省签署战略合作框架协议,由航天数字传媒有限公司与山西省共同实施“山西卫星数字农家书屋项目”。

从2008年山西省启动农家书屋工程开始至2014年2月,山西省累计建成农家书屋28339个,覆盖了全省所有行政村,累计配送图书4250.85万册、报刊85.02万份、音像制品283.39万张,农家书屋工程极大地丰富了农村基层群众的文化生活。

今年，山西省将尽快构建服务“三农”的农村阅读综合平台，探索建立农村基层出版物销售网点，加快推进职工书屋、社区书屋建设，重点推动全省国家扶贫开发工作重点县建设首批卫星数字农家书屋，通过大力度推进农家书屋工程，切实解决农民群众读书看报难的实际问题，用读书学习的新风提升农村文明程度，助推全省“三农”发展。

（李晓芳 《山西日报》 2014年2月18日）

十六、山东

2007年，山东省开始启动建设数字农家书屋工程，截至2015年12月，山东省建成并投入使用的卫星数字农家书屋共计3029个。

（一）山东枣庄新建19个卫星数字农家书屋

近日，山东省枣庄市峄城区文广新局组织专业技术人员为全区7个镇（街）的19个农家书屋安装了卫星数字接收终端设备，建成了卫星数字农家书屋。

卫星数字农家书屋由电视机、卫星高清播放机、卫星电视接收天线等设备组成。书屋实行24小时内容更新，主要用于农村远程教育、文化信息资源共享、农业技术培训和公共电子阅览，可观赏到数千部电影、电视剧、戏曲等节目和上万册图书，有效解决了传统书屋报刊图书更新慢、运输不便、借阅不便等问题，是对传统农家书屋的有益补充。

枣庄市在已建农家书屋基础上，积极组织实施数字化升级改造，使农家书屋传播、服务能力大幅提升。

（李峰 吴远常 《中国新闻出版报》 2015年5月13日）

（二）卫星数字农家书屋携手“好工到” 拓宽农村信息化渠道

随着城市化进程的逐步深入，传统的农村发生了翻天覆地的变化，但在新农村建设发展的同时，文化空白和信息不对称等问题逐步凸显。相对封闭的环境无法接触到最新的信息和文化动态，这将直接影响新农村建设。

卫星数字农家书屋的应用旨在通过卫星技术将文化素材及农业信息全面覆盖，解决偏远地区农家书屋的内容和信息更新问题。卫星数字农家书屋技术的应用将大大拓展农村信息化的升级和应用，整体化解决偏远山区以及乡村的文化建设问题，达到无障碍覆盖，真正为新农村建设和发展提供强大的助力。

在实现村村覆盖的同时，卫星数字农家屋也在积极拓宽便民的渠道，在解决文化与信息覆盖的同时，卫星数字农家书屋与“好工到”达成了战略合作协议，由“好工到”提供招聘岗位信息，通过卫星农家屋的推送，为农民带来第一手的招聘信息，让农民获得了选择就业的主动权。

“好工到”是利用移动技术打造的专业蓝领招聘的移动平台，专注于餐饮与宾馆等细分招聘领域。“好工到”所提供的招聘机会正好符合年轻一代农民工的求职需求，同时“好工到”还会为每一位农民求职者提供培训和城市生活相关服务，为每一位农民工提供细致周到的就业和生活的服务。

这次合作将直接提升卫星数字农家屋的信息宽度，同时也将便民服务的宗旨落到实处。“好工到” 的加入将直接改变传统的农民工就业模式，打破传统的“先进城，后就业”的模式，通过招聘信息的覆盖，让农民坐在家中就可以挑选心仪的工作，改变了传统的老乡介绍工作带来的诸多不良因素，也降低了农民进城务工的成本支出。

通过和“好工到”的战略合作，卫星数字农家书屋将拓宽平台服务项目，在为农民提供文化和信息的同时，也将解决农民求职的刚性需求。相信这次合作将开启卫星数字农家书屋多方面合作的起点，同时也为打造多元化全方位服务的卫星农家书屋奠定了牢固的基础。

（《齐鲁晚报》 2015 年 10 月 16 日）

（三）日照 130 多名农家书屋管理员齐充电

2015 年 8 月 6 日，日照市文广新局举办全市农家书屋管理培训班暨农家书屋管理工作会议，安排部署 2015 年农家书屋出版物补充更新工作，进一步明确了提升农家书屋管理服务的措施。各区县分管副局长、业务科长，乡镇文体站长、农家书屋管理员等共 130 余人参加了培训。

培训班上，市图书馆专业人员对图书分类、编号、建档、登记等知识进行了具体辅导，全市 5 名管理员代表作了交流发言，山东爱书人集团和航天数字传媒有限公司专业人员分别对 E 播宝、航天卫星数字设备使用进行了操作演练。全体参训人员还到东港区申家坡社区农家书屋进行了实地观摩。

在全市农家书屋工作会议上，各区县就今年以来农家书屋管理工作、暑期阅读活动开展及出版物补充更新进展情况工作进行了交流和座谈。大家纷纷表示，要按照构建现代公共文化服务体系的总体要求，切实增强做好农家书屋工作的责任感和使命感，认真分析解决农家书屋建设中存在的问题，着力提升农家书屋服务质量，为建设滨海文化名城作出新的更大的贡献。

近年来，日照市以公共文化服务为先导，不断推进农家书屋工程建设向纵深发展。自2008年起，每年预算50万元，专项用于农家书屋建设。同时，在充分用足用好国家和省级资金的基础上，对农家书屋进行出版物补充更新和数字化升级。目前，全市共有农家书屋793家，均实现了数字化升级。在农家书屋工程建设中，先后组织开展各类图书捐助活动，包括"一对一"捐建、冠名捐建、"企业家爱心书屋"捐建、"局长（主任）爱心书屋"捐建等，多渠道力促农家书屋建设。建立"爱心流动书屋"，为乡村学校的中小学生提供流动借阅服务。每个"爱心流动书屋"配置了适合少年儿童阅读的优秀图书200~500册，以一个学校为源头，一个学期为一周期，不断向外辐射扩展，在农村中小学校进行循环流动。目前，"爱心流动书屋"已在五莲县的3个乡村小学进行了流动，近700名师生受益。

（《文化日照》 2015年8月7日）

（四）卫星数字农家书屋携手日照文广新局助力全民数字阅读

2015年8月6日，山东省日照市文广新局组织召开全市农家书屋管理培训班暨农家书屋管理工作会议。此前，日照市文广新局邀请作为国家新闻出版广电总局全国数字阅读重点活动单位的航天数字传媒有限公司（简称航天传媒）出席会议。航天传媒领导十分欢迎并重视日照市文广新局的会议邀请，特派卫星数字农家书屋山东省项目总监刘存斗带队，一行5人前往日照市参会并在山东省组织开展系列活动，日照市各区县首批135个村的农家书屋管理员出席会议。

日照市农家书屋管理培训班暨管理工作会议现场

日照市文广新局张崇金局长就日照市农家书屋建设进展情况、数字化升级工作以及管理员队伍建设工作进行了介绍，对农家书屋工作取得的阶段性成果给予了肯定并对未来工作提出了殷切希望。各区县管理员代表生动地介绍了各村在农家书屋开展的各类特色业余文化活动的经验；日照市图书馆专业人士培训图书管理工作方法，交流图书管理工作经验。

航天传媒工作人员介绍卫星数字农家书屋的优势、设备组成、卫星数字农家书屋各栏目内容介绍及培训设备使用，重点介绍了卫星数字农家书屋WIFI分享功能。

航天传媒项目实施经理李贺介绍卫星数字农家书屋产品功能

8月6日晚20时,航天传媒在日照市文广新局的推荐及支持下,在日照市东港区河山镇申家坡村开展了主题为“卫星数字农家书屋助力全民数字阅读”活动,前来参加活动的村民达120余人。航天传媒工作人员向村民们介绍了卫星数字农家书屋播放界面及使用方法,并专程为小朋友们准备迪士尼3D动画电影《冰雪奇缘》,现场观影近两小时,村民直到影片结束才离场。

日照市申家坡村活动现场图片

在日照市文广新局的推荐下,结合航天传媒卫星数字农家书屋优秀管理员评选办法,授予申家坡村农家书屋管理员李传明“优秀卫星数字农家书屋管理员”称号。

8月7日上午9时,在东港区秦楼街道西碌碡沟村卫星数字农家书屋组织开展“纪念抗日战争胜利七十周年活动”,邀请卫星数字农家书屋管理员管延堂老人讲述发生在日照市的抗战故事,为在场村民上了一堂生动的爱国主义教育课!

在日照市文广新局的推荐下,结合航天传媒卫星数字农家书屋优秀管理员评选办法,授予西碌碡沟村农家书屋管理员管延堂老人“优秀卫星数字农家书屋管理员”称号。

日照市西碌碡沟村纪念抗日战争胜利七十周年活动现场

（徐继怀 《航天数字传媒》 2015 年 8 月 7 日）

十七、辽宁

2012 年 7 月 20 日，农家书屋数字化建设分论坛上，为解决农家书屋的提档升级问题，航天数字传媒公司向全国各省、自治区、直辖市和新疆生产建设兵团新闻出版局农家书屋工程办公室捐赠 320 套卫星数字农家书屋设备。同时，航天数字传媒公司的工程技术人员将上门免费安装调试。其中，辽宁省获捐 10 套卫星数字农家书屋设备。

建卫星数字农家书屋

近日，作为全国农家书屋示范点，葫芦岛市首家卫星数字农家书屋在龙港区双树乡兴北村建立。数字农家书屋是利用卫星技术手段进行数字化运营管理的服务平台，具有内容多、更新快、覆盖广、成本低、可管控的特点，可以将高品质的多媒体文件，包括电子图书、杂志、报纸、音像等内容以数字方式传送到每一个农家书屋中，农民可通过电视、投影、电脑等多种终端设备阅读和观看。

（刘璐 李万东 《辽宁日报》 2012 年 12 月 28 日）

第五章　领导讲话、访谈记录

一、完善机制　注重使用　努力推进农家书屋提质增效

同志们：

今年是“十二五”收官之年，是谋划“十三五”的重要　年。今天我们召开农家书屋工作推进会，是以党的十八大和十八届三中、四中、五中全会精神为指导，围绕贯彻落实中办、国办《关于加快构建现代公共文化服务体系的意见》精神和国家新闻出版广电总局《贯彻落实〈意见〉的实施方案》，总结农家书屋工作中的成绩和经验，梳理当前存在的问题和困难，部署谋划今后一个时期的工作，进一步统一思想认识，凝聚智慧力量，推进农家书屋建设

标准化、均等化。下面我讲三点意见。

(一)农家书屋工程实施十年来取得了显著成绩

考虑到署、局合并后,省级管理部门也出现相应调整,因此,我还是要从全局的角度讲讲这个问题。农家书屋工程作为党中央确定实施的五大文化惠民工程之一,是国家新闻出版广电总局(原总署)举全行业之力推动的新闻出版“一号工程”,于2005年在西部地区试点,2007年在全国推开。2009年按照党中央加大力度、加快进度的指示,农家书屋工程全面提速,2012年在党的十八大胜利召开之际,农家书屋工程提前三年完成建设任务,同年9月在天津召开全国农家书屋工程建设总结大会。截至2012年底,各级财政累计投入资金120多亿元,共建成农家书屋60.0449万家,覆盖了全国有基本条件的行政村。

农家书屋建设工程也得到了中央领导同志的高度重视和充分肯定。云山、奇葆、延东、长春等中央领导多次对农家书屋建设工程作出重要批示。

今年是2015年,农家书屋工程从试点建设到全面覆盖再到今天的提档升级已经走过了整整十年的历程。十年来,大家始终怀着对农村文化建设的责任感、使命感,对党的事业高度负责的精神,兢兢业业,全力付出,将一张宏伟蓝图绘到底,推动农家书屋工程建设取得了显著成绩。十年来,农家书屋从无到有,由点到面,共向农村配送图书10亿多册,从提供的图书总量来看,农家书屋已经超过2014年末全国公共图书馆8.5亿册的馆藏量,农民人均图书拥有量也从农家书屋实施以前的人均0.13册增长到人均1.25册,比农家书屋工程实施以前增长了十几倍,从根本上解决了农村没有书、农民读书难的问题,让亿万农民享受到文化改革发展的成果,在缩小城乡文化差别、破解城乡二元结构、推动城乡文化协调发展上迈出了坚实的步伐,充分体现了公共文化服务的“公益性、基本性、均等性、便利性”。十年来,各地充分发挥农家书屋的平台作用,组织丰富多彩的文化活动引导农民阅读、传播先进文化、重续“耕读”传统,农家书屋被形象地誉为“农民致富的学堂、农村文化的殿堂、农村学生的第二课堂”。农家书屋不仅促进了农民增收致富、解决了生产生活中的实际问题,还推动了农民思想观念的改变和科学素养的提高,在培育新型职业农民方面发挥了至关重要的作用,巩固了农村的思想文化阵地，为农村全面建成小康社会提供了强有力的文化支撑。

农家书屋工程建设是一项艰巨而又光荣的任务，在新闻出版领域，农家书屋工程把全国新闻出版行政部门和有关部委、全国出版印刷发行单位、地方各级党委政府和广大农民紧紧联系在了一起，认真贯彻执行了中央的要求，按期圆满地完成了农家书屋工程建设任务。我们所有的建设者、参与者都应为之感到骄傲和自豪！

十年实践，农家书屋工程建设积累了宝贵经验，那就是：高举一面旗帜，坚持社会主义先进文化的前进方向，以社会主义核心价值观为引领，巩固基层文化阵地；牢记一个宗旨，坚持以人民为中心的工作导向，切实保障人民群众基本文化权益；遵循一个原则，坚持政府主导、社会参与、农民自主管理，依靠农民群众发展农村文化；抓住一个关键，坚持把内容建设放在首位，丰富优秀出版物供给；贯穿一条主线，坚持开展活动，培育阅读习惯，带动农家书屋发挥作用；强调一个保障，坚持地方各级党委和政府的领导，不断加大各级财政持续投入；弘扬一种精神，坚持真抓实干，咬定青山不放松，以逢山开路、遇河架桥的勇气和智慧破解难题，推动工作。这些经验，是在实践中形成的宝贵精神和财富，我们一定要倍加珍惜、长期坚持。

同时，我们也要看到，在农家书屋工程建设任务完成之后，在管理、使用、满足农民阅读需求以及培养农民阅读习惯等方面，都还存在着一些薄弱环节。特别是农家书屋投入保障机制还不均衡，部分地区省级财政配套资金难以到位，出版物供给与群众需求还不能很好对接，农民群众还没有养成阅读习惯，农家书屋使用效率还不高，个别地方思想消极、重建轻管、在农家书屋工作上投入不足等。同时，随着经济社会的发展，农村情况和农民需求都在发生变化，给我们的工作带来了很多新问题、新挑战。在农家书屋工程建设任务完成以后，及时转移工作重点，重视并着力解决管理使用中存在的困难和问题，是摆在我们面前新的更加光荣而又艰巨的任务。

（二）做好当前农家书屋的几项重点工作

“十三五”时期是实现“第一个一百年”奋斗目标即全面建成小康社会的最后冲刺阶段，也是迈向民族复兴之路上的中国特色社会主义建设的关键一程，各地要认真学习领会中央精神，把握好农家书屋在公共文化服务体系建设全局中的位置，用中央精神判断形势、解决问题、指导实践，推动农家书屋在全面建成小康社会的进程中发挥更大作用。

1.充分认识构建现代公共文化服务体系的重要意义。党的十八大提出建设社会主义文化强国的战略任务。十八届三中全会对全面深化文化体制改革作出新的重要部署。十八届四中全会提出文化法治建设的新思路。十八届五中全会描绘了“十三五”时期文化建设的总体目标和主要任务。习近平总书记多次就文化建设作出重要讲话，提出一系列新论断新部署新要求。公共文化服务是推动文化建设、保障文化民生的重要内容，2015 年 1 月，中办、国办印发《关于加快构建现代公共文化服务体系的意见》，为今后一个时期公共文化建设指明了方向。总书记两次对《意见》进行审阅，并强调构建现代公共文化服务体系是一项民心工程，要牢固树立以人民为中心的工作导向，深入研究新时期人民群众文化需求特点，坚持以社会主义核心价值观为引领，坚持把工作重心放在基层，加快形成覆盖城乡、便捷高效、保基本、促公平的现代公共文化服务体系。

深入学习贯彻习近平总书记系列重要讲话精神，加快构建现代公共文化服务体系，是当前宣传思想文化战线的一项重要任务，对于落实“四个全面”战略布局要求，推进社会主义现代化建设，具有重大现实意义和长远战略意义。《意见》的出台对于完善农家书屋出版物的补充更新、解决农家书屋管理员等关键问题都进行了顶层设计，标准化、均等化是我们今后推动农家书屋工作的关键性思路。农家书屋工作机遇难得，但任务也更加艰巨，我们不能把这些事留给后来人去做，国家设置我们这个部门，给予了这样的任务，这就是我们的责任和使命，我们要怀着荣誉感、使命感把这件事关农村百年发展的事情做好。

2.对接群众实际需求，发挥先进文化的引领作用。我们要认真学习习近平总书记在文艺工作座谈会上的重要讲话精神，贯彻中共中央《关于繁荣发展社会主义文艺的意见》，要牢固树立以人民为中心的工作导向，坚持把农家书屋的内容建设摆在首位，要坚持中国特色社会主义文化的发展方向，反映党和政府倡导的主流价值。在内容的提供上，既要有乡土气息，符合“三贴近”原则，又要有时代精神，体现先进文化的发展方向；既要满足农民群众基本文化需求，又要努力满足人们日益增长的多样性、个性化的需要，在服务群众中引导群众、凝聚人心。

为加强对农家书屋内容建设的指导，国家新闻出版广电总局自2008年以来，已组织6次农家书屋重点出版物目录推荐工作，累计推荐图书17814种。实践证明这一做法在保障农家书屋出版物质量上发挥了重要作用。各地要认真执行国家新闻出版广电总局关于推荐目录的有关要求，尤其是省局要切实履行责任，从落实好中央重大决策部署的高度、从保障群众文化权益的角度，最大限度地满足农民的文化需求，确保财政资金发挥最大的使用效益。中央领导对加强文化领域专项资金监管多次作出重要指示，国家新闻出版广电总局也制定了严格的监督检查办法，各级新闻出版广电部门要清醒认识，仅仅满足于资金不挪用，这距离中央要求还远远不够，必须要让财政的每一分钱都充分发挥作用，要切实提高出版物的补充质量。江苏、安徽、湖北组织农民代表在书展上现场选书、开展农民读书赶集活动，提供菜单式服务，更好地对接农民需求，值得肯定。

这里对民族地区的问题要再讲一讲。搞好民族地区农家书屋建设，首先要有好的产品，要把政府导向、民族特色和农民需求结合起来。重点抓好"双语"出版物的提供，让中华民族的优秀文化惠及各族人民。要发挥好政府专项资金的引导作用，鼓励出版单位创作生产更多内容优秀、图文并茂、简单易懂的双语作品，来满足少数民族群众的文化需求。

政府推出的公共文化工程，要本着质优价廉、农民受益的原则来把握。同时，还要考核公共文化服务的产品或是方案是否能够解决我们工作中的难题。如航天数字传媒有限公司就是针对农家书屋远程信息投送难和双语内容少的问题提出了较好的解决方案，这是值得肯定的。近期还有一些单位、机构希望要参与农家书屋工作，我们就是要以农民的需求为出发点和落脚点，就是要更好地解决我们工作中存在的问题。

3.加强统筹协调，推进农家书屋和基层公共文化设施资源整合。长期以来，公共文化服务存在多头管理、条块分割、缺乏统筹等问题，各个部门都有一些公共文化设施和资源，但是互相之间缺乏必要的协调，力量分散，形不成合力。因此，必须以协调机制为依托，从整体上谋篇布局，整合相关资源，构建系统完善、科学规范、运行有效的制度体系，从而提升公共文化服务建设水平。

国办日前印发了《关于推进基层综合性文化服务中心建设的指导意见》，提出综合性文化服务中心要在有用、适用、综合、配套上下工夫，要整合农家书屋资源，纳入综合性文化服务中心管理和使用，这是推动农村文化建设的重要手段。大家要在各级公共文化服务体系建设协调机制中发挥作用，积极参与地方公共文化标准的制定，有条件的地方要在国家标准的基础上，做一些加法，根据各地的文化实际和财政能力把农家书屋差异化内容和服务增加进去，拓展农家书屋的服务能力。我在多地调研，总的来讲，建成村级公共文化服务中心，老百姓来了，看看书、跳跳舞、健健身，满足他们阅读、社交多方面的文化需求，这才能受欢迎、起作用、见实效。

4.完善农家书屋管理，建立健全科学有效的监督考核机制。目前农家书屋管理员大都是兼职，这是制约农家书屋发挥作用的瓶颈所在，但是设置一个专职的管理员在很多地方都不现实，要把农家书屋的管理使用纳入整个公共文化实施的运行、使用、维护中去考虑。中办、国办《关于加快构建现代公共文化服务体系的意见》中提出，要设立由政府购买的公益文化岗位，大家要会同相关部门积极争取。同时，各地要抓住中央加强基层党组织建设的有利契机，把农家书屋建设纳入第一书记或者是大学生村官的岗位职责，他们有能力、有水平，要通过争取他们的重视来提高农家书屋管理和服务水平。

新闻出版广电部门难以延伸到村，农家书屋管理要依靠基层政府和村级组织，因此要争取各级政府从工作层面重视农家书屋，推动农家书屋由部门管理向政府管理转变，这是加强书屋管理的重点。有些省份在这方面已经取得了进展。湖南省委、省政府针对农家书屋工作连续出台三个文件强化各地责任，吉林省把农家书屋管理写入省委、省政府《关于吉林省绩效管理工作的实施意见》，山东把“农家书屋出版物补充更新达标率”作为硬指标，纳入全省“文化强市(县)”考评体系形成绩效考核体系，通过这种方式，将书屋的建设管理由省新闻出版广电局负责督导，上升为政府直接督导，这就增强了我们工作的影响力和推动力。我一直有这样一个想法，推动基层公共文化服务工程的统一监督检查，要科学设计以随机抽查为主的工作机制，全面掌握整体情况，发现问题要敢于碰硬。

5.推进科技和文化融合，提升农家书屋面向特殊地区的服务能力。公共文化服务均等化，最艰巨的任务在边远贫困地区，要重点加大对革命老区、民族地区、边疆地区、贫困地区的帮扶力度。奇葆同志多次强调要反弹琵琶，我们也参与有关部门制定推进贫困地区公共文化服务体系建设的具体实施方案，要推动贫困地区公共文化服务建设迈上一个新台阶。这些地方或是交通闭塞，或是地广人稀，还没有很好地解决文化设施有效覆盖的问题，从实践来看数字服务、流动服务是老少边穷地区加强公共文化服务的有效方式，比如内蒙古马背书屋、流动书箱等探索都起到了很好的效果。

国家新闻出版广电总局较早关注并引导各地推动数字农家书屋建设，利用卫星网络、互联网、广电网络为农家书屋提供数字化阅读服务，来解决报刊投送难、信息获取难等问题。目前，全国共建成数字农家书屋3.5万家，农家书屋数字化基本形成了以卫星数字农家书屋建设为主体、以互联网书屋建设为补充的格局。去年，我调研了陕西省柞水县东甘沟村的卫星数字农家书屋，和学生教育、当地的板栗生产结合得很紧密，发挥了积极作用。今年，国家新闻出版广电总局把报纸投送周期超过5天的边远行政村建设数字农家书屋列入新闻出版广电公共服务的指导标准，各地要在建设模式、服务方式、内容建设等方面持续探索，加大推动力度。

6.加强宣传工作，切实增强农家书屋的影响力、辐射力。近来，也有不少声音指向书配得不好、开放时间不够、使用率不高等，我们要善于运用辩证的观点来看待这些问题，通过前期大规模的建设，已经从根本上解决了有和没有的问题，农民没有书读这一根本性的矛盾已得到解决。赴朝同志对此也批示指出："农家书屋的建设对农村公共文化服务起到了很大的作用，也受到农民的欢迎。"面对质疑，我们要充满信心、增强底气、坚持定力，积极作为，用发展的办法解决前行中的问题，这是对批评最好的回应。

大家要重视农家书屋的宣传工作，这是工作的重要一环，宣传是要让农民群众了解书屋，走进书屋，要让社会了解我们的工作，营造全社会关心农民阅读的氛围。我们也要主动和媒体部门沟通，交朋友，让他们了解、参与我们的工作，才能客观真实准确地报道。在宣传方式和手段上要会创新、下工夫、动脑筋，积极利用两局合并的优势，充分发挥电台、电视台的优势资源进行宣传，善于运用微传播，现在互联网媒体的影响力很大，要利用好微信、朋友圈、公众号等宣传手段，和主流媒体宣传相配合，深化宣传效果。比如浙江编排了现代婺剧小品《农家书屋》，用农民喜闻乐见的方式宣传，就是有益的尝试。

（三）以“三严三实”的精神抓好工作落实

面对新形势新任务新要求，我们一定要增强使命感和责任感，切实把思想和行动统一到中央的决策部署上来，做好工作。当前全党正在开展“三严三实”专题教育，大家要以严的精神和实的作风抓好农家书屋工作，我提几点工作要求。

1.加强组织领导。国家新闻出版广电总局始终高度重视农家书屋工作。在建设时期，原总署成立了农家书屋工程建设领导小组，设立农家书屋工程办公室，各地也都成立了专门的机构来推动农家书屋工程建设，正是这样的组织体系，确保了农家书屋工程建设高标准实现全面覆盖。补充更新阶段适逢机构改革，国家新闻出版广电总局农家书屋的工作只有加强没有削弱，各地有13个省份农家书屋的职能划入公共服务处，还有些在印刷发行处，山东、甘肃等省份仍保留了农家书屋办公室的独立建制。希望各省局要继续把农家书屋工作摆上重要的议事日程，要投入专门的力量来持续推动。同时，省局要加强对市县级的指导，这次我们专门邀请地市级的负责同志参会，就是希望市县两级的同志努力作为，在农家书屋管理使用中发挥出更加重要的作用。

2.创新工作方法。最近，两办印发了《深化农村改革综合性实施方案》，即将在五大领域对农村进行改革。做好农家书屋工作，为改革发展大局服好务，比以往任何时候都需要创新。各地要深入研究新形势下农家书屋工作的特点和规律，对一些普遍性的问题善于从顶层设计上来解决。同时，农家书屋是检验群众路线的试金石，让农家书屋在群众中生根开花，要汲取基层的智慧和经验，要多到农家书屋调研，多征求群众意见，多调动市县管理部门的积极性，尊重基层首创精神，用基层经验指导基层实践，这样，我们的工作才有吸引力、感染力。

3.狠抓工作落实。抓落实，是作风问题也是党性问题，不抓落实，再好的部署也容易落空。各级新闻出版广电部门要真正承担起农家书屋工作的主导和推进职责，敢抓敢管，一件一件落实，绝不能上有政策、下有对策，不能搞形式主义、做表面文章。推动农民阅读不可能一蹴而就，毕其功于一役，需要我们坚持不懈，久久为功。

同志们，在我们这样一个人口众多、幅员辽阔、需求多样的国家，建设好公共文化服务体系，不是一件容易的事情，需要长期不懈的努力。但同时我们也要看到，公共文化服务体系建设从来没有像今天这样高度重视，新闻出版产品从来没有像今天这样丰富多彩，现代公共文化服务体系建设机遇难得、前景光明。让我们紧密团结在以习近平同志为总书记的党中央周围，以贯彻《关于加快构建现代公共文化服务体系的意见》为契机，自觉担当、奋发有为，推进现代公共文化服务体系建设不断取得新进展，为农村全面建成小康社会作出新的更大贡献！

（本文系阎晓宏同志在2015年全国农家书屋工作推进会上的讲话）

二、卫星数字农家书屋　让农家书屋与卫星牵手

“未来，只要村里有卫星数字农家书屋，你便可以不用走进书屋，拿起自己的手机，通过WIFI网络共享书屋里的资源，选中自己喜欢的图书或影像资料，轻松地随时阅读、观看。这就是农家书屋的2.0版本，这就是由航天数字传媒有限公司独家提供的农家书屋‘互联网+’解决方案。”航天数字传媒有限公司（以下简称航天传媒）总经理郑铸东告诉《中国新闻出版广电报》记者。

据郑铸东介绍，几年间，卫星数字农家书屋从无到有，以卫星传输技术为核心，为传统的农家书屋插上了数字化的翅膀。目前，卫星数字农家书屋已建成并使用3万多家，覆盖全国20多个省（区、市），让公共文化服务的阳光照向全国数千万人群。

从无到有　五年内花开多地

自2010年年初开始，航天传媒就积极探求卫星数字发行平台在各领域

的应用。郑铸东介绍:“在企业取得原新闻出版总署颁发的出版物总发行权以及连锁经营权的同时，农家书屋工程建设也正如火如荼地进行。我们发现,完全可以将卫星数字发行技术运用到农家书屋建设中,而且,作为国企,我们有回馈社会的责任和义务。当时我们萌发了建卫星数字农家书屋的想法。卫星数字农家书屋可以依托卫星数字发行平台,每天将报刊、图书及音像制品投递到每个农家书屋中，老百姓足不出户就能方便地获得最新资讯,切实解决了传统书屋报纸、图书投递难的问题。”卫星数字农家书屋全年精选书刊2000多种、报纸100多份,每日更新,让农村百姓能和城里人一样及时看到最新的报刊、图书等,有力保障党和政府的政策信息迅速、有效送达全国各地。

2010年10月,航天传媒开始参与农家书屋的建设,提出的卫星数字农家书屋模式得到了原新闻出版总署的大力支持和各地新闻出版局的认可。

2010年11月，航天传媒与原陕西省新闻出版局签署了卫星数字农家书屋战略合作协议,至此全面拉开了卫星数字发行平台在农家书屋数字化方面应用的序幕。2011年,卫星数字农家书屋先后落地北京、湖北、云南等地区,并逐步扩大在全国的服务范围。2012年8月,航天传媒提前圆满完成河北省5010套卫星数字农家书屋设备的安装工作,如今卫星数字农家书屋建成并投入使用已经3万余家,遍布内蒙古、青海、宁夏、新疆、西藏、云南等20个省(区、市),服务近千万农村人口,得到了当地百姓的广泛认可,有效落实和推动了国家“全民阅读工程”“卫星数字农家书屋”等项目的落地。与此同时,航天传媒还在进一步创新,在已有汉语言内容资源基础上,逐步增加藏、蒙古等少数民族优秀文化内容,真正让民族特色内容进村、入户、到人。

平台优势　“一站式”解决方案

党的十八大报告和近年来的《政府工作报告》里,“全民阅读”都成为其中的重点工作部署。据2015年第十二次全国国民阅读调查报告显示,数字阅读方式首次超越传统纸质阅读,人均阅读率有显著提升,但仍和发达国家存在较大差距。同时,城乡阅读水平差距明显,农村远落后于城市。郑铸东表示:“主要是由于我国历史和地理等原因，农村地区公共文化产品和服务的供给力度不足,网络普及率低,但各类阅读需求却极大。”

而在整个阅读链条中，数字平台有望成为全民阅读最先实现的地方，可通过数字平台来促进数字阅读活动和提升人们的阅读水平。“互联网的优势在城市及发达地区，广大边远农村则十分薄弱，如何解决这一难题成为航天传媒的发力点。”郑铸东如是说。

作为国内首家卫星全媒体数字发行运营商，航天传媒充分发挥航天卫星网络全国无缝覆盖这一无线网络优势，采用“一站式”解决方案，构建了一个覆盖全国的高效率、低成本、可管可控的国家级公共文化卫星服务平台。“卫星网络平台与其他平台的区别主要是，网络覆盖全国，无盲点，版权保护严格，有效遏制盗版，传播积极向上内容，严格‘三审三校’，并为服务人群精编细选高品质的丰富内容。”郑铸东告诉记者。

做好服务　使用、维护有人管

除了卫星数字农家书屋，航天传媒的公共文化卫星服务平台还包含了卫星数字妇女之家、卫星影院等多种业务方案。作为一个技术产品，面临着后续使用和维护等一系列售后服务问题。郑铸东表示，公司拥有强大的售后服务团队，从设备安装、升级维护到使用指导，确保一直有人管。目前，公司已经建立起客户服务中心，设有面向全国的“400”服务电话，在全国拥有100多个服务商。卫星数字农家书屋设备一旦出现故障，拨打电话后，马上会有专业服务团队上门维修或进行专业培训指导。

此外，据介绍，自卫星数字农家书屋陆续在全国安装并投入使用以来，一直坚持提供全方位的服务，并通过电话调研、实地走访、管理员培训、用户座谈等多种方式考察跟踪使用情况。调研数据与资料显示，卫星数字农家书屋已经成为老百姓阅读学习和娱乐社交的场所，通过丰富的内容、便捷的操作、及时的更新，能够在不断扩大阅读人群和增加阅读内容的同时，确保建设并引导群众使用权威、安全的阅读渠道与阅读平台。以河北省廊坊市大厂回族自治县小东关村为例，自从有了卫星数字农家书屋，该村村委会活动室便成了全村人气最高的活动场所。当地村民不但可以和城里人一样看到国内外精彩影视大片，还可以看到大家喜爱的地方文艺节目，最关键的是每天都有新的花样和新鲜内容。

“党的十八大报告提出了要开展全民阅读活动，未来，我们还要基于卫星数字技术，将书屋建到社区、军营、边防哨所、工厂、党支部、老年活动中心，让卫星数字发行在促进全民阅读活动中贡献更多的力量。”郑铸东如是说。

（王佳欣 《中国新闻出版广电报》 2015 年 10 月 19 日）

三、我的书屋和家一墙之隔

“爱心阅读室”内座无虚席，孩子们正在通过卫星数字农家书屋看电影。

当《中国新闻出版报》记者走进银川市兴庆区月牙湖乡“爱心阅读室”时，三十几个“小脑袋”用齐刷刷的掌声迎接着来自首都的客人。他们的老师、书屋管理员李学虎告诉记者，目前正值伊斯兰教的斋月，每天早上他要 3 点半起床，6 点多的时候就会有孩子来书屋看书，有些孩子在书屋一待就是一整天。

李学虎在爱心书屋

这间书屋最早是李学虎和他妻子一起凭着爱心，利用自家房子创办的，书屋的隔壁就是他们的家，隔着薄薄的一堵墙，和书屋比起来，家的那部分略显窄陋。李学虎表示：“我和爱人都觉得书屋就是我们的家。”

执著迎来了爱情

说起办书屋的梦想，李学虎回忆道：“记得小学三年级时，我爸第一次带我到银川市新华书店。当我走进书店，看到有那么多的书，真是感到无比幸福，我真羡慕城里的孩子们，能够有这样优越的学习条件。”从此，办一个自己的书屋就成了年幼时李学虎心中最大的梦想。这个梦想一直萦绕着他。长大后，他当上了银川市郊区农村的一名普通教师，由于职业的关系，让他的书屋梦变得尤为强烈。“在学校担任语文教学工作期间，我不止一次看到学生完成一篇作文堪比喝中药。在多次的询问和观察下，我了解到不是学生不想写作文，也不是学生不喜欢作文，而是他们词穷、视野狭窄，阅读量不够，他们的小脑袋里没有积累下好词佳句，知识面窄，导致了他们对写作文的兴趣大大下降。每次他们写作文的时候，总是无从下笔，抑或满腹的想法不知道如何用合适的文字来表达。”

平时，李学虎经常会跟别人说起自己的这个梦想，别人也经常“教育”他：“你省省吧。”“别做梦了”。但李学虎还是在为这个梦想而努力着，正是他身上的这份爱心以及这股执著，感动了一个姑娘——他的妻子陈远远。“她是一位南方女孩，大学毕业就报了国家的西部计划，做了一名让人敬佩的志愿者，来到了西部，来到了我们学校支教，是缘分让我们从相识到相知，我们拥有共同的梦想。记得我们刚开始还不相熟的时候，我通过她的 QQ 空间慢慢了解她，有一句话让我印象尤其深刻：‘亲们！谨记我们来到西部是奉献的，而不是来享受的’。这么好的姑娘我一定要把她娶回来。”说着说着，李学虎这个西北汉子脸上也开始泛红了。

各方伸来了援手

成家后，李学虎的梦想变成了他和妻子两个人的梦想，他们一起奉献爱心，为实现书屋梦努力着、奋斗着。

从此，俩人的生活空间以及重心都发生了改变，他们用本不宽敞的新房隔出了很大一部分准备做“爱心阅读室”；两人还省吃俭用，省下钱来都用于为书屋添置图书。对于“爱心”一词，李学虎解释，“爱心”这个词是一个富有博爱与公益性的词语。有人说他是一个爱心人士，可他却觉得自己并没有这么伟大。爱心，是一个没有尽头的词语，每个人在理解和看待这个问题上都不同。他心目中的爱心就是一种平凡，是一种生活，也是尽最大的努力对生活的一种热爱。

“每次看到学生们放学后无所事事，三五成群游荡在乡间的小路上，跳皮筋、打沙包，甚至进黑网吧，经常还会有一些交通事故、溺水事故发生，不由得心里会难过好长一阵子，这让我要办一间爱心阅读室的决心更加坚定。”刚开始时，李学虎不想麻烦别人，想凭自己的能力来完成自己的梦想，给学生们创建一个课外安乐窝。但是慢慢地发现自己一个人的能力是有限的，公益活动光靠一个人的力量是不够的，它需要全社会有爱心、热心于公益事业的好心人共同携起手来。于是他向银川市文广局写了一封求助信，并提出可以免费为学生们提供一间56平方米左右的房子作为书屋，他的想法得到了领导与媒体的高度关注。

“在各方的帮助下，2011年4月23日，世界读书日当天，我的‘爱心书屋’成立了，我多年梦想终于成真了。那一天，我通知了学生们，我们月牙湖有了一所真正的农家书屋，而且这个书屋是一所完全免费向所有学生开放的书屋，可供你们放学后去看书、学习、写作业。这一刻，我感觉我为孩子们做了一件有意义的事情。”李学虎激动地说。

书屋成为了热点

就这样，李学虎开始了爱心书屋管理，每天下班后重复一样的工作，放学后他不能和同事闲聊或者活动，孩子们在书屋门口的等待让他觉得责任重大。“记得有一天下午放学后，爱心书屋里人满为患，由于学生太多，屋内空间太小，有一部分学生没有轮上，他们只能被‘拒之门外’，在门口苦苦等待，我让他们明天过来，可是无论我怎么劝说，学生们都不愿回家，等在书屋门口不愿离去。看到这些如饥似渴的求知眼神，我真不知该怎么办。”

记者了解到，月牙湖乡本就是安置宁夏西海固等南部山区移民的移民村，当地经济发展相对滞后，文化娱乐等设施严重匮乏。李学虎的书屋成立后，立马变成了当地孩子们最喜欢光顾的地方。他的书屋可以用火爆一词形容，孩子们最多的时候，据李学虎介绍他只能采用强制性措施，往外“赶”孩子——今天来过的孩子第二天不许来，上午来过的孩子下午不许来。即便是这样，每天到书屋里看书的孩子们都坐得满满当当的。“我也就是说说，哪能真往外赶呢！”李学虎笑着说。他指着门外场院里的一面山墙和一堆石头说：“我准备扩大书屋阅读区的规模，入秋后我就着手做。”

如今，爱心阅读室又被注入了一股新的活力，银川市文广局为他的书屋捐赠了一套卫星数字农家书屋设备。“我至今还记得学生们第一次看到卫星数字农家书屋里的电视时脸上所浮现出的喜悦，电子书、报纸、电影、期刊等多种学习资料让学生们眼花缭乱，他们坐得那么安静，那么整齐，《将相和》的动画片在电视里演绎着，学生们眼睛的专注与渴望再一次深深地感动了我，我知道我所做的一切真的是值得的。”李学虎如是说。

（王佳欣 《中国新闻出版报》 2013 年 9 月 9 日）

四、爱心书屋是我的爱情结晶

在宁夏银川东北 75 公里处有一个名叫月牙湖的小乡村。名字虽然富有诗情画意，实际却恰恰相反。这里毗邻毛乌素沙漠，遍地黄沙，二十几年前每当刮起大风，屋瓦满天飞，砖墙都会被刮倒。不过，因为挨着黄河，在几代移民的努力下，月牙湖乡变成了绿洲。环境改善、经济发展，日子一天天好过起来，有的村民甚至置办了小轿车。

但在月牙湖乡大塘中心小学语文老师李学虎看来，生活温饱实现了，村民们的精神温饱却还差得远。在以回民为主的拥有 2.8 万村民的月牙湖乡，每年能考上高中的学生也就五六十人。很多学生早早就外出打工，二十出头就结婚生子的比比皆是。受宗教约束，村民们很少娱乐，内地流行的跳舞、打牌在这里是没有的。冬闲时节，日子格外单调贫乏，有的村民热衷于走家串户传闲话闹是非。“这些事就发生在我身边，确实让我感到着急和揪心。”土生土长的李学虎萌生了开一家书店的想法。但一想到不少学生家长连给孩子买教辅都不舍得，他又感到灰心。“别说我当时没钱开，就算有钱，把书卖给谁呢？”他的书店梦只能在内心沉睡。

2009 年，一位南方姑娘的到来令李学虎的心跳与梦想同时加速。陈远远，浙江温岭人，毕业于东北师范大学，2009 年响应国家“西部计划”的号召，来到月牙湖乡支教。回忆俩人的初次见面，李学虎的语气变得温柔起来，脸上露出羞涩的神采。他说：“一看她就是典型的南方人，不太爱说话，内向腼腆，给人感觉特别温柔。我们俩是一见如故。”共同的教学生活使两个年轻人越走越近。原本两年后支教就要结束，但陈远远决心为了李学虎留在宁夏，留在月牙湖乡。

但是，一个是回族，一个是汉族；一个生长在温暖湿润、经济发达的浙江城市，一个生长在寒冷干燥、经济落后的宁夏农村。巨大的差异使双方父母都坚决反对他们继续交往。但爱情的力量又有谁能阻挡？最终，两人在2011年登记结婚。陈远远甚至把户口从温岭迁到了宁夏。“迁户口那天，陈远远哭了，她妈妈在电话里也哭了，我心里难受得不敢在家里待着。”李学虎说，他对妻子满怀感激与愧疚。“在她身上，我看到了一个愿意扎根西部农村的高尚的人。我不能比她差，我迫切地想做点什么。”

“我不想开书店了，要开就开一个纯公益的书屋，免费给学生看。”他把这个想法跟妻子一说，立刻得到妻子的赞同。李学虎当即购买了800本旧书和4个书架，摆放在56平方米的家中，夫妻俩吃饭、睡觉却要挤在隔壁20平方米的小屋里。孩子们的阅读兴趣大大超乎李学虎的想象。每天一打开门，就能看到孩子们聚集在门口等着书屋开门。

书屋火了，孩子们笑了

学生们的读书热情鼓舞了李学虎，他开始琢磨着多弄些书，扩大书屋的规模。但夫妻俩每月收入加起来不过4000多元，不吃不喝也买不了几本。李学虎的一个朋友在银川市开了家书店，李学虎找上门婉转地说想让朋友赊些书给他，朋友说，单靠个人的力量弄不到多少书，就算把书赊给他，什么时候能还清书款呢？这位朋友建议，政府现在正在搞农家书屋，不如找政府试试。李学虎闻言顿时感到眼前一亮，立刻回家写了一封求援信。他在信中说，他决定把自己的住房贡献出来，作为农家书屋的场地，他义务担任图书管理员，负责书屋的运营。“书还是国家的，我负责保管。”因为心里太着急，第二天李学虎直接坐车去了银川市文广新局。他本来以为肯定没戏，农家书屋都是政府建的，政府怎么会把书放在私人家里？ 但没想到，市文广新局领导读罢信件，深受感动，决定大力支持。

2011年4月23日，世界读书日，李学虎从市里拉回一车6500本图书，又新添置了6个大书架。每天一下班，夫妻俩就在家里给书分类、贴标签、上架，忙活了整整两个星期。5月6日，爱心书屋正式开门。

书屋渐渐火了，但由于当地学生太多，书屋太小，有一部分学生没有轮上，只能在门口苦苦等待。2012 年 6 月，面对阅读人数只增不减的情况，为了让更多的孩子在假期都能来这里读上书，李学虎又自费在院子里搭建了两个简易凉棚，可以在夏天供孩子们在室外阅读。

月牙湖乡地处偏远，图书、报刊的投递不尽如人意，很多孩子喜欢的读物过很长时间才能送到书屋。正在李学虎犯愁的时候，2013 年 6 月 8 日，银川市文广新局为孩子们送来了卫星数字农家书屋的接收设备及一台 39 寸的液晶电视。这里的有声儿童读物，涉及历史、英语、科普、传统素质教育等各个方面，还有很多电影、纪录片。这种丰富而新颖的阅读方式，大大提升了孩子们的阅读兴趣、拓展了视野。同时，卫星数字农家书屋里的致富经、农业经也吸引了不少村民们前来取经，农技类的图书也因此经常被村民们翻阅带走。

小时候，李学虎的父亲在乡农技站工作，经常往家拿报纸，一摞一摞的。李学虎看得津津有味。小学三年级时，他偶然在报上看到一篇文章，题目是《我家的洗衣机》。正巧他家也刚刚买了一台洗衣机。老师布置了一篇作文，要求写一件家里的电器。李学虎于是把报上的文章抄了一篇，略作改动加上了一些自己的感受。这篇作文被老师评为第一名。就是这篇差不多算是抄来的作文使李学虎爱上了写作。李学虎说："一篇从报纸上抄来的作文给了我那么大的激励，我相信书籍会对他们帮助更大。"

李学虎教语文，最头疼的是孩子们不会写作文。"我经常和学生说，写好作文，要有一双善于观察的眼睛和一个善于思考的头脑，但不管我怎么说，学生们写作文时总是无从下笔，有时即使有满腹的想法也不知道该如何表达。"李学虎认为，主要原因就是学生家长多半是文盲，且常年外出打工，家里只有年迈的爷爷奶奶照顾，学生成了留守儿童，这些都使得孩子们的课余生活枯燥乏味，更谈不上什么课外阅读，怎么可能写好作文呢？

爱心书屋改变着乡村

但卫星数字农家书屋的到来，使情况发生了改变。一次上课，李学虎给孩子们讲《负荆请罪》，上完课组织孩子们到书屋里看《负荆请罪》的故事短片。同学们都很兴奋，从来没有这样上过课，一连看了好几遍，而且还在班会上排演了《负荆请罪》的小话剧。“看着他们有模有样的表演，我差点哭了，只要有条件，农村的孩子一样爱学习、有创意。”李学虎说，以后再上课，只要是数字书屋里有的内容，他都跟课程结合起来给孩子们播放。

村里的留守孩子很多，假期里常常三五成群地游荡在乡间小路上，跳皮筋、打沙包，甚至进黑网吧打游戏，一玩就是五六个小时，有的甚至一晚上不回家，学习成绩越来越差，家长也管不住。后来，李学虎每次放电影都把孩子们叫来，孩子们喜欢扎堆儿，李学虎就让他们去黑网吧把人喊过来一起看。这里的电影比网吧下载的清楚，都是大片，也不用掏钱，孩子们渐渐喜欢到书屋来。这也给了李学虎很大启发，经常在放电影前放上几分钟德育故事、历史故事的短片，等人到齐了再一起放电影看。李学虎说：“人和人之间的差距首先在于思想观念，我希望通过书屋能使孩子们走上一条不同于他们父母的路。”通过潜移默化，正面的观念和思想渐渐地影响了孩子们。李学虎惊讶地看到有个曾经常去网吧的孩子在一次活动后，在书架上寻找和节目内容相关的书来看，就赶紧过去帮他找，给他推荐好书。

后来人越来越多，地方有限排不开，就改成每天安排固定的时间给不同年级的孩子播放，孩子们每天都自觉地在固定时间来排队。看到这样的场景，看着一双双充满了希望的亮闪闪的眼睛，听到书屋里充满了欢乐的笑声，李学虎心里感到很欣慰。

李学虎说：“虽然我不知道书屋在孩子们未来的人生中会发挥多大的作用，但书屋实实在在地为月牙湖的孩子们开阔了视野，为他们的童年生活增添了温暖与快乐。”

（张贺　《人民日报》　2014 年 8 月 21 日）

五、唱支山歌赞书屋

走在云南省德宏傣族景颇族自治州梁河县九保阿昌族乡的村村寨寨，面对眼前的这片大城市少见的绿色山水，感到身心完全陶醉于这里的美丽。

当然，生活在这如画风景中的当地阿昌族百姓更是可爱，他们平时话不多，但经常一开口就唱歌。永和村老年协会会长、卫星数字农家书屋管理员刘玉英就是他们的“领歌人”，她只要一开唱，其他人马上随声附和。说来也怪，他们质朴的歌声好像插上了翅膀，悠然落到每个客人的耳朵里，同时大家的心灵也瞬间感觉得到了净化。

刘玉英参加第五届数博会卫星数字农家书屋主题论坛时为与会嘉宾高歌“卫星数字农家书屋赞”

乘着歌声的翅膀

在刘玉英家，宽敞的客厅墙壁上各种荣誉证书和纪念照片记录着刘玉英丰富多彩的人生经历。她指着一张黑白照片告诉记者，那是 1973 年 1 月她参加梁河县、德宏州和云南省的长跑比赛后与德宏代表队其他队员的合影，当时，她获得了省里第二名，德宏州和梁河县的第一名，回忆起当年的经历和感受，刘玉英依然很激动。

采访中，很多时候，刘玉英喜欢用歌声表达自己的情感。坐在一旁的记者真的成了一名“聆听者”，尽管语言不通，歌词大多听不太明白，但绝不影响记者欣赏这天籁般的歌声。“真好听”，记者对刘玉英说道，“您可以去参加《超级女声》了”。刘玉英哈哈笑了起来，面颊上生出了一朵“山茶花”。

当地有一个被百姓广泛认同的说法：十个傣族讲不过一个昌（阿昌）族。阿昌族将丰富的语言融入山歌里，代代口耳相传，能歌善舞的阿昌族人记不住正襟危坐的说教，但对山歌传唱的内容却能过耳不忘。

永和村有一个文化活动室，每天从田里收工回来，寨子里的老老少少都喜欢聚集在那里看看电视、唱唱跳跳。刘玉英负责的妇女之家是文化活动室最活跃的一部分。她们将日常生活的琐事、做人的道理编到山歌里，在活动室里对歌，用清亮亲切的山歌调讲述、讨论身边新近发生的事情。

最近有首歌是当地百姓的“流行歌曲”，歌的名字叫《科学发展人人知》，词曲作者就是刘玉英，歌词翻译成普通话的意思为：“科学发展人人知，打牢基础促发展，实现目标抓落实，民生问题有保障，农民收入有增加，科学发展真好呀……”

刘玉英告诉记者，现在寨子里的人都会对这首歌了，也相信只要沿着科学发展之路，阿昌人一定会过上更好的日子。

科技走进小山村

说起村里原来的情况，刘玉英告诉记者，几年前，永和村还是贫困的小山村，“是党和政府的好政策让阿昌人民过上了越来越好的日子”。刘玉英介绍，梁河县九保阿昌族乡是全国仅有的 3 个阿昌族乡之一，在 2009 年 3 月~2011 年 3 月成功实施整乡推进项目后，如今看到了焕然一新的农村面貌：平整牢固的道路，古朴美观的民居，宽敞明亮而又功能齐备的文化活动室。

富裕起来的阿昌族百姓对文化的需求很迫切，但身处莽莽大山中，农家书屋现有图书已经不能满足乡亲们的需求了，同时，山区的报刊配送也成了大问题。送到的报刊多是两三个月前出版发行的。正在政府为解决当地百姓公共文化服务需求挠头时，卫星数字农家书屋的出现，解了当地政府和百姓的燃眉之急。

2012 年德宏州在全省率先启动卫星数字农家书屋工程试点工作，刘玉英家是梁河县卫星数字农家书屋工程的第一批受益户。

“农家书屋全覆盖，卫星设备来安装，致富信息多渠道，带领人民奔小康……”刘玉英及姐妹们编唱的一段阿昌山歌中，表现出她对卫星这种高科技产品惠及农民百姓的兴奋之情。

如今，这个卫星数字农家书屋覆盖服务全村 91 户 360 多人。刘玉英介绍，这个卫星数字农家书屋，不用接网络，也不担心不会操作，轻轻松松一按遥控器，村里的妇女姐妹、小孩、老人能收听收看到很多致富知识和时政新闻，不仅丰富了业余生活，还学到了很多文化知识、致富知识。通过卫星数字农家书屋，识字的农民还可以读书看报，特别是少儿节目更是受到小孩子欢迎。刘玉英作为永和村老年协会会长，平日里老年协会的主要活动就到她的家里来开展。如今有了卫星数字农家书屋，老年协会的活动更加丰富多彩了，大家一起观看科技、养生、保健等节目，让老年人增长了见识，开阔了视野，受到了启发，生活越过越有味。

梦想就在不远处

为了做好卫星数字农家书屋管理员，刘玉英每天上班一大早就要认真打扫一遍大厅，做到室内一尘不染，空气洁净。村民来收看节目，她总是热情接待，耐心推荐，如小孩来就推荐《空中幼儿园》《摩尔庄园》《小猴子的生日礼物》《共和国图像日志》《国学启蒙》等；农民朋友来则推荐《致富经》《新型农民能力培养学习与发展》和各种各样的种植养殖技术培训的节目；姐妹们来了就打开《健康生活》，一起学学怎样养生，更加科学健康地生活。现在在家里带小孩儿的妇女们多了，科学育儿知识类、儿童教育类的视频也是大家热衷的内容。

2013 年，卫星数字农家书屋还开设了《彩云之南》的专属栏目，投递了民族语言的影视作品和文娱节目，非常受当地村民的喜欢。每当有新节目的时候，刘玉英都会将节目的信息张贴在公示栏内，方便来观看节目的人了解最新信息，保证大家“高兴来借，满意而归”，受到了村民的一致好评。

面对表扬，刘玉英表示：“我做得还远远不够，但只要能够让全村乡亲们学到知识，有所收获，我会好好干下去的，让文化之花开遍农家。”

做好本职工作的同时，刘玉英还有个大梦想。“我准备将原来的养鸡场进行改建，然后饲养刺猬和黄鳝，以增加自己的收入。这就是我从卫星数字农家书屋科技节目中获得的启发。”

说干就干，今年开年，刘玉英已经订购了20只刺猬种苗，鸡场里的鸡也已经销售得差不多了，饲养刺猬和黄鳝，这个从卫星数字农家书屋科技节目中得来的想法，她马上付出实际行动并获得了成功。

刘玉英还告诉记者，由于卫星数字农家书屋的建立，村民们的素质有所提升，村民的文化修养也提高了，赌博、酗酒的明显减少了。村民们都觉得，寨子里风气变好了，没有游手好闲的人，谷子到处放也不会丢。天一亮，大家都去忙田地里的活计了，村里几乎看不到闲人。

（王佳欣 《中国新闻出版网》 2014年5月12日）

六、农家书屋管理者：说说我们的2014

书屋建设开始提档升级

□江苏省新闻出版局印刷发行管理处处长 钱薇

2014年，江苏省农家书屋提升工程取得了新成绩，开创了新局面。

顶层推动农家书屋。实施农家书屋提升工程写入江苏省委、省政府《关于深化拓展“八项工程”的若干意见》《关于深入推进民生幸福工程的若干意见》，列入省政府新一轮农村实事工程、2014年度十大重点工作百项考核指标，列入省人大常委会《关于促进全民阅读的决定》。江苏省财政每年安排2800万元专项资金用于实施农家书屋提升工程。

试点工作进展顺利。根据全省农家书屋量大面广的实际情况，在全省选择30个县(市、区)组织实施农家书屋提升工程试点工作，印发《实施农家书屋提升工程试点工作办法》，指导各地开展试点工作。组织开展了实施农家书屋提升工程试点工作示范县、先进县评选活动，对试点工作示范县奖补22万元，对先进县奖补12万元。

全面普查农家书屋。今年暑期，省局对省内6505个农家书屋现状进行了全面普查，实地了解农家书屋基本概况、农民阅读现状和需求，并形成了普查报告，对试点地区农家书屋的家底有了基本掌握。

流转更新势头喜人。省局专门召开推进会，对农家书屋与基层图书馆图书通借通还、流转更新工作加以推进。首次组织农家书屋管理人员到第四届江苏书展苏州主展场现场采购出版物，5000个农家书屋出版物更新全部完成。

三点感悟：各级重视、群众参与、创新发展

□山东省新闻出版广电局农家书屋办公室主任　王教奎

2014年山东省农家书屋工作，以“构建现代公共文化服务体系”为统领，紧紧围绕“提档升级”这条主线，始终坚持开拓创新、长效发展。总体而言，感悟有三。

感悟一，各级重视是根本保证。山东省委、省政府高度重视农家书屋工作，连续多年将其写入政府工作报告，年初省政府主要领导同志对做好农家书屋工作作出重要批示，省财政专项补助资金较去年增加一倍。省新闻出版广电局党组把农家书屋工作作为公共服务重点内容来抓，局主要领导对重点工作亲自把关和指导。各市、县党委政府不断提高对农家书屋工作的认识，在人力、财力和物力上给予了大力支持。

感悟二，群众参与是不竭动力。广大基层管理员是农家书屋建设和发展的主要力量，必须坚持以人为本的指导思想，在工作中既注重提高觉悟，又注重完善工资补贴等激励机制，涌现出了陈明钰、周飞、张之德等全国知名典型。

感悟三，创新发展是重要推力。农家书屋工程实施才短短7年时间，虽

然取得了巨大成就，但仍有许多发展瓶颈，亟待用创新的思维进行破解。继去年探索推广管理员工资补贴和“书柜进农家”经验后，今年省局又组织文登、诸城两地进行出版物网络一体化管理使用试点，探索了农家书屋及基层图书馆通借通还“一卡通”模式。以上这些新的探索和尝试，有效地推动了山东省农家书屋工作向更高层次发展。

倡导推行“错时服务”制度

□四川省宜宾市文化广播影视新闻出版局新闻出版与版权管理科　洪梅

今年以来，四川省宜宾市新闻出版系统服务群众“最后一公里”再添新举措，公共服务阵地不断拓展，“错时服务”“购买服务”“流动服务”等制度应运而生。

随着本市公共图书馆的改造升级和农家书屋、社区书屋的全覆盖，今年以来，宜宾市图书馆与兴文县、宜宾县相关部门在大观楼社区书屋等人群聚集场所设立了“惠民书吧”，馆藏图书与社区书屋藏书不定期轮换流动，适当延长开放时间，图书、报纸、杂志等可以实现读者“点投”。

结合群众路线教育实践活动的开展，在解决服务群众“最后一公里”的问题上，市局提出公共文化服务要从群众切身需求出发，大力倡导各地推行“错时服务”制度(即群众休息我上班，群众需要我服务)，就是将农家书屋、社区书屋等文化场所的开放时间进行合理调整或延长开放时间，方便群众借阅学习。

此外，宜宾市筠连县腾达镇春风村农家书屋发挥阵地优势，为前来观光、度假、休闲、娱乐的游客提供休闲场所，并借力筠连县李花节和中国云上石漠·春风花海大型苗族花山节等大型节庆开展了一系列文化活动。该书屋自免费开放以来，惠及本村村民、周边群众和游客3000余人，累计借阅人数达2万余人次。春风村农家书屋在致力于当地基础文化建设的同时，将科技致富与景区文化旅游产业相结合，推动农家书屋进景区活动向纵深发展，切实加强对外经济文化交流，提高了春风村的知名度和影响力。

书屋与图书馆　联建成亮点

□新疆维吾尔自治区克拉玛依市文化广播影视局新闻出版科　基晓花

今年，克拉玛依市农家书屋得到健康、规范发展，各部门结合本市实际做了一些创新工作，收效良好，亮点凸显。

第一，以街道、社区图书馆、农家书屋为基础的图书馆联建工作初见成效，百姓共享一体化服务体系成功创建为国家公共文化服务体系示范项目。

早在2011年，克拉玛依市图书馆联建共享一体化服务体系就被命名为第一批国家公共文化服务体系示范项目。克拉玛依公共图书馆联建共享一体化服务项目经过近两年的建设和运行，成效显著，受到广大市民和各界的好评。目前，全市3个公共图书馆、87个街道社区图书室、13个油田二级单位图书馆、30个中小学图书室、农家书屋全部纳入了联建共享一体化服务体系，整合文献资源总量达170万册，人均达到了4.25册。

第二，农家书屋借阅与农家乐相结合。全市农家书屋自2009年建成以来，解决了农牧民群众买书难、借书难、看书难的问题，使农牧民可以真正享受到自助读书，让农牧民在家门口就能学习知识、获取信息，从而激励农牧民读书用书，开启智慧，更加活跃和丰富了农牧民的文化生活。现在每个农家书屋藏书量达2000多册，年借阅量达500人次。今年以来，各农家书屋为充分利用图书资料，与各村农家乐合作，建立了“农家乐图书角”，方便了游客阅读，增加了图书的利用率。

“冷板凳”无碍“热服务”

□江西省吉安市吉水县文峰镇朱山村农家书屋管理员　陈日球

今年以来，我管理的农家书屋受到了村民的热烈欢迎。我作为多年的农家书屋管理员，在这里谈一些感受和体会。

要热情接待每个读者，虚心听取读者意见和建议，努力提高工作水平和改善服务态度，耐心解答读者提出的问题。来书屋的都是客人，一定要热情欢迎、礼貌接待，做到来者不拒，保证群众高兴而来，满意而归。

严格保证开放时间，不擅离岗位，不提前关门。许多读者一进门后往往就是几小时，甚至半天，我们都要耐心等待，与读者“同守阵地”，直到最后一名读者离开后方可下班。

及时打扫卫生，保持室内清洁，为读者营造一个良好舒适的读书看报环境，让读者有一种宾至如归的温馨感。

定期整理、统计图书，图书归还后及时上架，在读者“带走满腹知识”之外，也让书屋“留下一架好书”。

妥善保管图书音像资料及书屋设施，做到不缺少一本书，不遗失一张报纸，不损毁一张光盘，做到完好如初，同时加强书屋的防火、防盗、防蛀等安全管理。

思想要纯正，不追慕名利。做一名农家书屋管理员，没有报酬，是一份苦差事，要有坐“冷板凳”、守“清衙门”的安贫乐道的高尚思想。

我愿意当个“孩子王”

□福建省福州市仓山区建新镇台屿村农家书屋管理员　陈松年

我管理书屋纯属义务，分文不取。原来曾经有位朋友邀请我去看管房屋，月薪1000元，这是件清闲的差事，可我拒绝了。因为当年我在读初中时，很难看到课外书，正是有过这种经历和体会，如今我办起农家书屋，就是希望村里的孩子们有好书读，从中获取知识，将来能够成为社会上的有用人才。

我们村农家书屋的6位管理员中年龄最大的已经76岁，最小的也有71岁。我觉得，我们这些管理员干得并不轻松。9年多来，不管刮风下雨，我们一直坚持每天上午8时准时开门，从未中断。平时，遇到来借书的人，特别是孩子，我总要问清楚为什么要借，有什么好看的内容，希望借书的孩子看完了也能将书中的情节和故事讲出来给我听；每次到还书的时候，我还会让看过书的孩子说一说自己记住的书中的内容片段以及个人的理解和看法，从而加深了借书人的阅读印象和效果。

今年春节期间，我们利用书屋场所举办了台屿村宗族文化渊源座谈会，让年青一代寻根问祖，加深对民俗文化的了解。此外，还组织了全村老人参加游园活动，老人们个个笑逐颜开。为了帮助村里的中小学生提高学习成绩，今年暑期我主动与一些大学联系，希望书屋能成为大学生的社会实践基地，此举得到了他们的热情支持。这些大学经常派大学生志愿者到书屋来，免费为中小学生举办作文写作讲座，进行各种课程的学习辅导。很多中小学生也因为参加他们的讲座和辅导，学习成绩有了质的飞跃。

（《中国新闻出版报》　2014年12月22日）

第六章　媒体眼中的卫星数字农家书屋

一、数字化农家书屋能为农村带来什么

建设农家书屋主要为解决农民读书难、看报难的问题。从书屋建成运行情况看,图书问题解决得较好,但报刊问题一直解决得不理想,主要是投送不及时,特别在西部偏远山区更为突出。除依靠邮局发行这一传统手段,还看不出有很好的解决办法,而数字农家书屋则为解决这一难题提供了很好的方案。对于数字农家书屋建设,各地新闻出版管理部门都表现出了极高的热情,部分省(区、市)新闻出版局专门让该局科技与数字出版处或农家书屋办公室直接负责当地数字农家书屋建设。

据了解,目前数字农家书屋主要有卫星和互联网两种模式,相比之下,卫星数字农家书屋在实施方面更可行,同时也得到了更多的肯定。基于互联网的数字农家书屋一方面建设门槛较高,需要高配置的电脑为载体,另一方面,可供选择的数字内容相对较少,且花费较大。而卫星数字农家书屋是利用卫星数字技术,将高品质的多媒体文件,电子图书、杂志、报纸、音像等内容以数字方式传送到农家书屋,农民群众可通过电视、投影、电脑等设备进行阅读和观看,每年可提供两千多小时视频类节目、两千多册图书、几十种杂志和一百多种报纸。卫星数字农家书屋在更新速度、丰富内容、使用便捷、管理成本等方面都体现着优势。

从所要解决的报刊投递问题来看，卫星数字农家书屋还为农村带来了变化。因为报刊投送困难的地区往往地处偏远，通讯闭塞，缺乏网络基础设施。据悉，湖北、陕西、北京、河北等省市已经建立了 1 万多个卫星数字农家书屋，而且大都建在山区和离城镇较远的农村，在实际运行中取得了较好的效果。

另外，卫星数字农家书屋还实现了农民足不出村便可知晓天下事的梦想，真正成为了村民的精神家园。以北京市八达岭镇小浮坨村为例，自从数字农家书屋落户后，通过转发器和卫星，农民学习务农知识的积极性提高了。小浮坨村的村支部书记李红如介绍说："相比于书本，数字农家书屋更加生动直观，数字农家书屋项目组因地制宜，针对村里着力开展的蔬菜大棚业务进行了专项业务投递。”在北京，农村的开放程度相对较高，农民获取知识的渠道较其他贫困地区更加多元化。他们对数字农家书屋的需求尚且如此强烈，更不用说在老少边穷的偏远地区了。根据新闻出版总署农家书屋办公室统计，今年以来，河北、陕西、福建、江苏等省市均已有扩大卫星数字农家书屋试点范围的意向。

目前，数字农家书屋的表现形式是一家行政村一个卫星数字农家书屋，方便、及时、快捷、高品质是这种新型阅读方式的优势，但是局限性也显而易见。

总体来说，有以下几个难题横亘在业内人士面前：一是阅读便利问题，一家行政村一户数字农家书屋，容易造成众口难调的局面。有人想看新上的电影，有人想看农业科普知识，还有人想看最新的报纸。可是屏幕只有一块，这意味阅读、观影只能是集体行为，个体的不同诉求很难得到满足。二是费用问题。要满足个性阅读需求，就不得不算一笔经济账。目前，数字农家书屋的初始安装费是2000元，这笔钱对于收入颇丰的城市居民可能不算什么，但是对于广大农村朋友来说，这笔钱还是一笔不小的开支。如何能够降低价格门槛，是数字农家书屋团队要考虑的第二个问题。

此外，目前针对数字农家书屋开展专项工作的企业较少，除航天数字传媒有限公司旗帜鲜明地提出建设卫星数字农家书屋外，参与者较少。虽然数字化农家书屋建起来了，但如何让农民朋友主动走进去，从书屋中学到知识和技术，如何让农家书屋真正发挥作用，这些也成为摆在我们面前亟待解决的新课题。

当前，在美国等发达国家，卫星的触角已经延伸到了它广袤的国土。读书、观影、教育、就医等生活所需，都能实现异地共享。在中国，随着一颗颗卫星的相继升空，我们有理由相信，更多的人会投入到数字化农家书屋工程建设中来，更多的农民会参与到数字化农家书屋中来，数字化农家书屋终将会真正成为农民增收致富、丰富业余文化生活的良师益友。

（张寻　《新华书目报》　2013年4月24日）

二、卫星数字农家书屋：不锁门的农家书屋

以卫星传输技术为核心，经与农家书屋结合，便诞生了卫星数字农家书屋。

几年时间里，作为传统农家书屋的有益补充及未来发展方向，卫星数字农家书屋从无到有，规模也由小变大。目前，卫星数字农家书屋已建成并使用3万多家，覆盖了全国20个省(区、市)，特别是老少边穷地区，为传统农家书屋聚集了新的人气。这项高科技的公共文化服务工程正在被神州大地的农民了解并喜爱。为探索、总结卫星数字农家书屋建、管、用等方面的有益经验，特刊发专刊以飨读者。

航天数字传媒公司总经理郑铸东

自2009年以来，在党中央、新闻出版部门和各级财政部门的大力支持和推动下，全国各地农家书屋如雨后春笋般涌现。2011年3月，原新闻出版总署宣布，10年内，将新闻出版最大的惠民工程——农家书屋覆盖到中国所有行政村，将文化温暖送到亿万农民手中。农家书屋带来的知识和信息深受农民朋友们欢迎，他们借阅图书的积极性很高，尤其农业种植方面的书

刊最受欢迎。但由于我国各地历史、地理环境和经济的先天差异,以及偏远地区交通不便,导致农家书屋的出版物更新缓慢,光顾各地农家书屋的人越来越少,不少地方农家书屋出现了“门庭冷落”,甚至“门上一把锁”的窘况。

如何切实满足农民的文化需要,发挥农家书屋的最大优势?有没有一种新技术,可以彻底解决传统农家书屋当前面临的发展难题?这已成为党中央、各级地方政府以及农家书屋管理者们关注的重点。为推进传统农家书屋的革新和升级,国家新闻出版广电总局在《关于贯彻落实〈加快构建现代公共文化服务体系的意见〉的实施方案》中明确规定:“对报纸投送周期超过五天的边远地区行政村,应通过建设数字农家书屋实现报纸的及时有效更新。”

随着科技的发展,尤其是数字化进程的加速,数字化平台有望成为传统农家书屋实现升级换代的最优途径,但是地面互联网数字化平台的优势在城市及发达地区表现得较为明显,在广大边远农村网络基础则十分薄弱。面对这一现状,以卫星通信科技为核心的卫星数字发行技术获得了新闻出版广电部门领导的关注和认可,而作为国内首家卫星全媒体数字发行运营商,航天数字传媒有限公司提出的“卫星网络+地面网络的天地一体化”解决方案,也成为突破传统农家书屋发展瓶颈的有效方法。

这一融合卫星通信网、有线互联网、移动互联网技术特点和优势构建的“天地一体化”网络解决方案,具有其他数字平台不可比拟的多项优势。首先是覆盖广,通过卫星网络在全国无缝覆盖,可有效解决偏远地区服务难题;其次,卫星网络传输效率高、容量大,不受地理环境和现有网络资源的影响和限制;再次,卫星网络安全可控,严格保护正版内容,安全传播主流文化,还可按需定制一站式的整体解决方案;最后,投入成本低,卫星数字发行平台人均发行成本 1~2 元,远低于互联网等其他数字化平台形式。

2011 年,“卫星网络+地面网络的天地一体化”解决方案应用于农家书屋后,被形象地称为卫星数字农家书屋,其通过卫星网络将图书、报纸、期刊、音像等数字化内容投递到每一个农家书屋的专有接收和存储设备中,农民朋友可以通过电视、投影、手机和各种阅读器随时阅读和观看最新的报刊、图书等,这充分保证了党和政府的政策信息迅速、有效送达全国各地。

卫星数字农家书屋因其投递更新便捷及时、使用维护高效简单，并开发有内容丰富的专有精品资源库，形成了对传统农家书屋的有益补充，使传统农家书屋的传播能力得到大幅度提高，受到建设地区相关部门领导的肯定，也得到农民群众的欢迎和认可。卫星数字农家书屋配备的数字出版物相比传统出版物，在图文展示、有声朗读、影像视频等方面做了很大的改进和提高，通过农科、教育、健康、生活、娱乐等多种内容投递，推广有声读物、图文读物等“富媒体”内容模式，使阅读更加生动，为农民群众所喜闻乐见。在北京地区，应用户要求投递大棚种植方面的内容，使卫星数字农家书屋成为农科知识的“加油站”；在河北地区，卫星数字农家书屋充分发挥数字出版物便于传播的特性，并提供便利的使用条件，解决了农业科技、文化娱乐与农民长期隔离的问题；在青海地区，卫星数字农家书屋是留守儿童的辅导员、留守老人的社交圈；在云南和新疆地区，卫星数字农家书屋把党的关怀及时送到了少数民族群众的身边。

在国家和各地新闻出版广电部门的领导下，卫星数字农家书屋陆续在全国各地区安装使用。目前，卫星数字农家书屋建成并投入使用已达3万余家，遍布内蒙古、青海、宁夏、新疆、西藏、云南等20个省(区、市)，服务近千万农村人口，有效落实和推动了党和政府倡导的“全民阅读工程”“数字农家书屋”等项目的落地。

航天数字传媒有限公司通过电话调研、实地走访、管理员培训、用户座谈等多种方式，深入基层调查了解各地卫星数字农家书屋的使用反馈情况，不断探求和满足农村老百姓的实际需求。公司逐步增加了WIFI分发(通过卫星将数字化图书、报纸、期刊、音像等内容投递到平台服务网点即各类卫星数字农家书屋终端上，平台各服务点作为一个二次分发的服务器，其WIFI局域无线网络可覆盖周边半径为300米的地域，24小时持续在线服务，农民朋友只需要利用普通的电视遥控器、手机等就可实现电子读物的免费下载和阅读)、有声读报、双语阅读等新功能，让农村老百姓足不出户就能方便地阅读和观看最新资讯，为传统农家书屋插上了数字化的翅膀，让农家书屋进到农家，有效解决各类书屋开门次数少、服务时间短等问题。

中国新闻出版广电报

05

卫星数字农家书屋 专刊

卫星书屋：不锁门的农家书屋

面对少数民族地区的特殊需求，公司又推出了“卫星数字农家书屋少数民族解决方案”。通过不断加强技术研发和资源整合，让卫星数字农家书屋内容和形式更加多样化，并在已有的汉语言内容资源基础上，逐步增加了藏族、蒙古族等少数民族优秀文化内容，将优秀的少数民族节目通过卫星数字发行平台投递到少数民族聚居区域，民族特色内容进村、入户、到人。

在未来，伴随着党和政府的各项公共文化服务政策不断推广落实，我们将把卫星数字农家书屋建到社区、军营、工厂和老年活动中心等地方，让卫星数字发行技术为国家公共文化服务事业贡献更多力量。

（王佳欣　《中国新闻出版广电报》　2015 年 11 月 10 日）

三、为书屋打造专属“栏目”

试点范围：遍及北京、河北、内蒙古、陕西、湖北、宁夏、云南、青海、四川、江苏、辽宁、甘肃、西藏及新疆建设兵团等地。

必需条件：建设门槛较低，投入成本少，拥有电视机便可进行安装，且不受地域限制。

“公司在河北省做卫星数字农家书屋建设回访时，有农民提到，我们扭的大秧歌能不能上农家书屋的那个‘电视’？”航天数字传媒有限公司总经理郑铸东说：“当时农民群众朴素的话语启发了我们的工作思路，今后我们要利用卫星平台优势，打造一个专属农民百姓的‘栏目’——农家书屋专栏，展现在书屋里发生的有关农民读书的优秀故事，展现如今农民多姿多彩的快乐生活。”

安装调试书屋卫星接收器

从无到有　两年内花开多地

2010年年初，航天数字传媒有限公司就积极探求卫星数字发行平台在各领域的应用。郑铸东介绍：“就在企业取得新闻出版总署颁发的出版物总发行权以及连锁经营权的同时，农家书屋工程建设也正在如火如荼的进行中。我们发现，完全可以将卫星数字发行技术运用到农家书屋建设中，而且作为国企，我们有回馈社会的责任与义务。当时我们便萌发了建卫星数字农家书屋的想法。卫星数字农家书屋，可以依托卫星数字发行平台，每天将报纸、图书及音像制品投递到每个农家书屋中，老百姓可足不出户方便地获得最新的资讯，切实解决了传统书屋报纸图书投递难的问题”。2010年10月，航天数字传媒有限公司开始参与农家书屋的建设，提出的卫星数字农家书屋模式得到了新闻出版总署的大力支持和各地新闻出版局的认可。

2010年11月，航天数字传媒有限公司与陕西省新闻出版局签署了《卫星数字农家书屋战略合作协议》，至此，便全面拉开了卫星数字发行平台在农家书屋数字化方面应用的序幕。2011年，卫星数字农家书屋先后落地北京、湖北、云南等地区，逐步扩大该项目在全国的服务范围。2012年8月，提前圆满完成河北省5010套卫星数字农家书屋设备的工程安装工作。截至

2012年11月，在全国共有11020个卫星数字农家书屋建设完成并投入使用。

门槛较低 卫星覆盖全天候

"只要你家里可以看到南边的天空，就可以建起卫星数字农家书屋。"郑铸东表示，正是基于卫星的强大无缝覆盖能力，使得卫星数字农家书屋可以有效覆盖中国全境，其特点是传输快、容量大、不受地理环境影响和现有网络资源的限制，服务范围超过传统介质和互联网。

"其次，利用国家已有卫星资源，通过航天卫星传输技术，在用户终端安装小口径接收天线，就可以开始接收和使用卫星数字农家书屋相关内容，卫星数字农家书屋硬件设备经过特殊设计，能适应农村各种复杂环境，保证设备长期稳定运行，同时又能限制非法内容的接收"。卫星数字农家书屋建设花费较小的特性也非常符合农家书屋工程实际情况。

最后，如何为图书把关，不让网络上的低俗文化产品流入农村文化市场，一直是各地农家书屋建设管理部门比较关心的问题。在郑铸东看来，卫星数字农家书屋完全可以解决这个问题。"卫星数字发行系统的安全措施是将传统卫星单向广播传输原理与互联网双向验证技术原理相融合，保密效果更好。既保证传输渠道合法安全，又保证内容是干净的、来源是可靠的。经过大规模调研与实地测试，卫星数字农家书屋自应用以来，无一例能够接收到除农家书屋以外的其他信息。"

做好服务　使用维护有人管

作为一项技术产品，卫星数字农家书屋也面临着后续使用、维护等一系列售后服务问题。郑铸东表示，公司拥有强大的售后服务团队，从设备安装、升级维护到使用指导，确保一直"有人管"。目前，已经建立起客户服务中心，设有面向全国的"400"服务电话，在全国拥有100多个服务商。书屋里如果机器出现故障，拨打电话后，马上会有专业的服务团队上门维修或进行专业指导。

此外，据介绍，自卫星数字农家书屋陆续在全国安装投入使用以来，一直坚持提供全方位的服务，并通过电话调研、实地走访、管理员培训、用户座谈等多种方式跟踪使用情况。调研数据与资料显示，卫星数字农家书屋已经成为老百姓的阅读学习和娱乐社交场所，通过丰富的内容、便捷的操作、及时的更新，能够在确保不断努力扩大阅读人群和阅读内容的同时，确保建设并引导群众使用权威、安全的阅读渠道与阅读平台。以河北省廊坊市大厂回族自治县小东关村为例，自有了卫星数字农家书屋，该村村委会活动室更成了村里人气最高的活动场所。当地村民不但可以和城里人一样看到国内外好看的电影，还可以看到喜爱的地方文艺节目等内容，最关键的是每天都有新的花样和丰富多彩的内容。

“党的十八大提出了要大力开展全民阅读活动，未来，我们还要基于卫星数字技术将书屋建到社区、兵营、工厂、党支部、老年活动中心，让卫星数字发行在促进全民阅读中贡献更多的力量。”郑铸东如是说。

（王佳欣 《中国新闻出版报》 2013 年 1 月 28 日）

四、数字化，农家书屋建设新方向

通过《中国新闻出版报》记者的调查，从整体上看，各地建设数字农家书屋的热情很高；从实际情况看，卫星数字农家书屋建设试点数量较多，其他探索尚处于小范围试点。

建设热情渐渐升高

农家书屋主要为解决农民读书难、看报难的问题。从书屋建成运行情况看，图书问题解决得较好，但报刊问题一直解决得不理想，主要是投送不及时，特别在西部偏远山区更为突出。除依靠邮局发行这一传统手段还看不出有很好的解决办法，而数字农家书屋则为解决这一难题提供了很好的方案。

根据新闻出版总署农家书屋办公室统计，目前，数字农家书屋主要有卫星和互联网两种模式，从所要解决的报刊投递问题来看，卫星数字农家书屋具有明显优势。因为报刊投送困难的地区往往地处偏远，通讯闭塞，缺乏网络基础设施。目前，湖北、陕西、北京、河北等省市已经建立了 1 万多个卫星数字农家书屋，而且大都建在山区和离城镇较远的农村，在实际运行中取得了较好的效果。今年，宁夏、西藏、云南、辽宁等省区也已达成 2 万多个卫星数字农家书屋的建设意向。相比较而言，基于互联网的数字农家书屋一方面建设门槛较高，需要高配置的电脑为载体，另一方面，可供选择的数字内容相对较少，且花费较大。代表案例如江苏省无锡市凭借其雄厚的资金支持投入兴建了数字农家书屋中心，但对全国而言，其做法较难复制。此外，目前针对数字农家书屋专项工作开展的企业较少，除航天数字传媒有限公司旗帜鲜明地提出建设卫星数字农家书屋外，参与者较少。

尽管如此，据记者了解，对于数字农家书屋建设，各地新闻出版管理部门都表现出了极高的热情，部分省(区、市)新闻出版局专门让该局科技与数字出版处或农家书屋办公室直接负责当地数字农家书屋建设。

卫星数字农家书屋功能不断延伸

根据近几年航天数字传媒有限公司对卫星数字农家书屋建设反馈调研显示，目前，就各地区的卫星数字农家书屋试点使用情况来看，特别是在艰苦偏远、老少边穷地区，卫星数字农家书屋功能在无缝覆盖、安全可控、更新及时、内容丰富、使用便捷、有吸引力等方面优势明显。在很多特殊环境中，卫星数字农家书屋的功能还得到了延伸。

2012 年 10 月，卫星数字农家书屋进入了西藏自治区拉萨市堆龙德庆县羊达乡通嘎村，很快便成为了当地农牧民最爱去的活动室。安装调试后，仅用了 30 分钟，就完成了接星和内容下载，当电视上播放出来专题歌舞节目时，村民们非常高兴。未来，卫星数字农家书屋将在西藏地区配套建立藏语内容的资源库，为西藏用户量身定做有针对性的内容，做到以农牧民为主、以藏文读物为主，共同服务西藏各地区。

2012 年，卫星数字农家书屋进入了云南省瑞丽市姐告边境贸易区姐告国门社区活动室，成为了当地宣传中国文化的窗口。姐告国门社区距离中缅边境口岸不到 1 公里，周围是中缅主要的边贸区和居住区。姐告国门社区是重要的边境宣传阵地，有独立的活动室。卫星数字农家书屋内容吸引了过往商人和附近老人、儿童、农户等前来观看，其中很多人是缅甸过境人员，许多缅甸儿童在这里通过有声图书、视频节目学习汉字，这里已然成为中国文化走出去的一个重要窗口。

此外，在内蒙古锡林郭勒盟，北京军区锡盟军分区，数字农家书屋延伸到了军营,成橄榄绿中的一道独特文化风景,丰富的内容,新颖的形式让书屋常常座无虚席,卫星数字农家书屋大大丰富了官兵的文化生活。

政策支持或成动力

展望数字农家书屋的建设前景,无疑卫星数字农家书屋将凭借其功能上的便利占据较大优势,在财政部门的支持下,未来卫星数字农家书屋将扩大试点建设范围,为更多的百姓带去文化食粮。

根据总署农家书屋办公室统计,目前全国报纸一周或者更长时间才投送一次的行政村大约有 9 万个。如果用卫星数字农家书屋解决，每个书屋硬件设施 2500 元、年服务费 500 元计算,全国累计需要投入基础建设资金 2.25 亿元,每年服务费 4500 万元。据记者调查,目前总署及各地新闻出版部门均已开始向中央及地方财政部门申请建设卫星数字农家书屋的经费。

据记者采访得知,今年以来,河北、陕西、福建、江苏等省市均已有扩大卫星数字农家书屋试点范围的意向,其中,宁夏在建设卫星数字农家书屋方面走在了前面。据宁夏回族自治区新闻出版局科技与数字出版处处长何英隽介绍,2013 年,宁夏卫星数字农家书屋工程建设将在全自治区推开,年内将实现所有行政村卫星数字农家书屋全覆盖。自治区新闻出版局与中国航天卫星通信集团公司签署了《宁夏卫星数字农家书屋工程战略合作协议》。自治区财政追加预算 560 多万元配套液晶显示器;中国卫星通信集团公司负责数字卫星设备的接收显示设备的安装调试、操作培训,以及 2013 年全年收视节目服务费用。建设项目按照依托已建实体农家书屋，向移民新村倾斜,向边缘地区、山区村倾斜的原则实施。新建卫星数字书屋将纳入到当地实体农家书屋管理体系之中。目前，宁夏卫星数字农家书屋工程建设已列入自治区人民政府 2013 年民生计划,现各拟建点已全部落实,建设资金全数到位;设备的采购、配送,节目及出版物的审定等工作也在同步进行。

(王佳欣 《中国新闻出版报》 2013 年 1 月 28 日)

五、航天数字传媒主题论坛

2013 年 7 月 9 日,第五届数博会期间,由航天数字传媒有限公司主办的“卫星数字农家书屋，点亮八亿农民中国梦”主题论坛在京举办。论坛上，来自云南、四川、宁夏等地的优秀农家书屋管理员代表和“4·20”芦山地震灾区的学生代表受邀来到现场，分享卫星数字农家书屋带来的变化和感受。

据悉，截至目前，航天数字传媒有限公司已建成并投入使用的卫星数字农家书屋达 1.1 万余个，范围遍及全国 14 个省(区、市)，覆盖近千万人口。

（王佳欣 《中国新闻出版报》 2013 年 7 月 11 日）

六、卫星数字农家书屋点亮八亿农民中国梦

2013 年 7 月 9 日，“卫星数字农家书屋，点亮八亿农民中国梦”主题论坛在北京国际会议中心举办。该论坛由第五届中国数字出版博览会唯一主宾企业航天数字传媒有限公司主办。国家新闻出版广电总局、中国卫通集团有限公司和航天数字传媒有限公司相关领导出席了此次活动。主办方还特邀了来自云南、四川、宁夏等地的优秀农家书屋管理员代表到会议现场，用亲身体会与大家分享卫星数字农家书屋给他们生产生活带来的变化。

农家书屋工程已于 2012 年 9 月提前完成全国 60 余万行政村覆盖，实现了“村村有书屋”的目标，有效缓解了广大农村地区读书看报难问题。随着书屋工程建设步入新阶段，数字化成为保证农家书屋工程未来可持续发

展的必由之路，卫星数字农家书屋应运而生。依托卫星数字发行传播服务体系形成的卫星数字农家书屋，可将数字出版物通过专有的接收和存储装置投递到每个农家书屋中，用户可以通过电视、投影、电脑、手机、阅读器及音响等终端设备随时阅读和观看，真正解决了传统农家书屋出版物的及时投递更新、服务功能的扩展及有效利用率提升等可持续发展问题。尤其是解决了偏远地区出版发行“最后一公里”问题。

目前，航天数字传媒有限公司已在全国建成卫星数字农家书屋 11020 家，范围遍及内蒙古、陕西、宁夏、云南、青海、四川、甘肃、西藏、新疆生产建设兵团、河北、湖北、北京、江苏、辽宁，覆盖近千万人口。

卫星数字农家书屋项目试点至今，由于应用便捷、更新快速、使用维护高效简单，有效实现了对出版物的及时投递更新，创新了阅读模式，对传统农家书屋形成了有益补充，并使其传播能力大幅提高，得到试点地区农家书屋建设管理部门的高度肯定，受到农民群众欢迎和认可。

（张昆平 《农民日报》 2013 年 7 月 13 日）

七、逾万家卫星数字农家书屋覆盖千万人

2013 年 7 月 9 日，由航天数字传媒有限公司主办的“卫星数字农家书

屋，点亮八亿农民中国梦”主题论坛在京举办。航天数字传媒有限公司总经理郑铸东介绍，截至目前，在全国已建成并投入使用卫星数字农家书屋11020家，覆盖近千万人口。

据了解，卫星数字农家书屋项目试点至今，凭借应用便捷、更新快速、使用维护高效简单，有效实现对出版物及时投递更新，开发出内容丰富的专有精品资源库，创新阅读模式，对传统农家书屋形成有益补充，受到试点地区农家书屋建设管理部门的高度肯定，得到农民群众欢迎认可。国家新闻出版广电总局印刷发行管理司副司长谭汶表示，卫星数字农家书屋的出现使主流媒体在农村基层覆盖力和传播效果得到大幅提升，真正解决了偏远地区出版发行“最后一公里”问题。

（晓渔 《工人日报》 2013年7月14日）

八、用卫星技术点亮农民科学致富梦

“卫星数字农家书屋给我的书屋带来了又一次生命。”宁夏回族自治区银川市兴庆区月牙湖乡卫星数字农家书屋管理员李学虎由衷地表达了作为一名卫星数字农家书屋管理员和使用者的切身体会。

正如李学虎所说，卫星数字农家书屋正在为覆盖全国行政村的60多万个农家书屋插上高科技的翅膀，让书屋再次起航，助农民兄弟们的中国梦腾飞。

当卫星技术遇到书屋

5年前，谁也不会料到，沿着东经125°运转的中星6A卫星竟然能成为9亿农民们的“加油站”、智慧库与快乐屋。5年后的今天，航天科技与农家书屋工程一经结合竟发生了如此奇妙的变化——3万多个卫星数字农家书屋拔地而起，凭借着卫星强大的辐射力，让偏远山区的农民群众看书读报不再困难。

自2010年年初开始，航天数字传媒有限公司就积极探求卫星数字发行平台在各领域的应用。航天数字传媒有限公司总经理郑铸东回忆：“就在企业取得原新闻出版总署颁发的数字出版物总发行权以及连锁经营权的同时，农家书屋工程建设也正在如火如荼地进行。我们发现，完全可以将卫星数字发行技术运用到农家书屋的建设中，作为国企，我们有回馈社会的责任与义务，当时我们便萌发了建卫星数字农家书屋的想法。卫星数字农家书屋可以依托卫星数字发行平台，每天将报刊、图书及音像等数字化内容投递到每个农家书屋中，老百姓足不出户便可获得最新的资讯，切实解决了传统书屋报刊、图书投递难的问题。”

一道看似简单的加法题，效果却呈现出了几何倍数的增长。截至目前，航天数媒已建成并投入使用的 3 万多个卫星数字农家书屋，遍布大江南北，覆盖近千万人。

高效送知识上门

航天数媒于 2012 年 10~12 月间的调研显示，在北京地区随机抽取的 83 家回访用户中，应用卫星数字农家书屋后，认为有效提升了书屋吸引力，为传统书屋带来更多人气的占 86.7%，通过卫星数字农家书屋组织活动的占 94.0%，村里每天、每周、会议之前会使用书屋的占 97.6%；同期，河北省共访问 499 家卫星数字农家书屋，认为卫星数字农家书屋有吸引力，为传统书屋带来更多人气的占 99.54%，通过卫星数字农家书屋组织活动的占 70.53%，村里每天、每周、会议之前会使用书屋的占 84%。各地卫星数字农家书屋的建立，为解决传统农家书屋的可持续发展问题提供了一条切实可行的道路。

“卫星数字农家书屋一建成，我的学生就非常喜欢，用遥控器操作，特别简单易学，他们简直就是无师自通。慢慢地，我发现卫星数字农家书屋里的内容和我的课程可以很好地结合起来，我就进行了大胆尝试。一次上课，我给孩子们讲《负荆请罪》，上完课组织孩子们到卫星数字农家书屋看《负荆请罪》故事短片。同学们都很兴奋，从来没有这样上过课，一连看了好几遍，而且还在班会上排演了《负荆请罪》小话剧。看着他们有模有样的表演，我的眼睛湿润了，我为孩子们爱学习、有创意而感动。以后再上课，只要是卫星数字书屋里有的内容，我都跟课程结合起来给孩子们播放，学生们的作文中也越来越多地出现卫星数字农家书屋里的内容。卫星数字农家书屋大大提升了他们的学习兴趣，兴趣是最好的老师，孩子们有兴趣学，既能学得又快又好，又能体会到学习的快乐。”李学虎告诉《中国新闻出版广电报》记者。

带领全村走上康庄大道

新疆维吾尔自治区伊宁市察布查尔锡伯自治县农四师六十八团农家书屋管理员董福景告诉记者，他们的书屋位于新疆天山北麓、伊犁河谷南岸。2013 年年底，卫星数字书屋正式落户团部，以其丰富的内容、新颖的阅读方式和快速方便的投递、使用方式，立刻就在团部的文化生活中起到了不可替代的作用。作为管理员，董福景便利用卫星数字书屋进行职工教育培训工作。“以前我曾经也想过开展培训，但发现根本不具备条件，有一次团机关组织职工教育培训，却发现手头可以利用的培训资料只有两本。安装了卫星数字书屋之后，我就利用设备中的党建、养殖等节目资源来充实培训内容。如今，职工教育培训每个月举行一次，每次将近两个小时，基本上都是通过观看卫星数字书屋里的内容来进行。”董福景说。

通过学习卫星数字书屋里的养殖知识，很多职工走上了种植与养殖综合发展的道路，他们不仅开阔了眼界，还增加了收入。

“六十八团三连职工孙志华今年42岁，是连队的青年职工，正是通过学习卫星数字农家书屋中农业科技类节目，走上了增产增收的致富路。孙志华原来只种地，每年收入4万元左右，有一次看了农业科技中介绍《农闲养鸡致富》的片子，便开始萌生了在农闲时养鸡的念头。于是孙志华到附近的团场观摩学习，回来之后就着手引进了养鸡设施，刚开始养2000只，目前规模已经达到了1万只。如今，孙志华已经把最先进的现代化养鸡设备安装到位，新设备可以自动给水、添料除粪，鸡苗20天左右就可以下蛋。孙志华现在的年收入已经增长到了20多万元。”董福景介绍。

据董福景介绍，在孙志华的带领下，全连掀起了养鸡热潮，饲养规模已经达到20万只，今年全连的目标是达到40万只的规模。

走进灾区孩子们心中

四川省芦山县清仁乡仁加村距离县城七八公里，2013年“4·20”地震过后，村里房屋倒塌情况严重，村民生活受到严重影响。震后的第37天，一批特殊的物资运到了芦山县文化新闻出版和广播影视局。此次地震导致芦山县40个农家书屋全部损毁，为满足灾区群众的文化生活需求，国家新闻出版广电总局募集资金30万元，用于援建卫星数字农家书屋项目。第40天，芦山县第一个卫星数字农家书屋正式落户清仁乡仁加村，包括帐篷、书架、数千册图书、桌椅、卫星数字接收和显示设备。

针对芦山的特殊情况，卫星数字农家书屋特别投递了地震灾区卫生防疫、灾后心理援助、地震防护与自救等特色服务内容。为了迎接即将到来的暑假，卫星数字农家书屋还为灾区中小学生增加了侧重励志、团结等主题的有声读物、连环画、动画片、高清电影等内容。

雅安市芦山县清仁乡仁加村的孩子们在卫星数字农家书屋里学习、娱乐

自从书屋建成后，仁加七一学校学生陈杨雪和陈依婷两姐妹几乎每天放学后都要来书屋玩。“这里有动画片，可好看了。”因为地震导致家中房屋受损，姐妹俩很久没有收看过电视节目，卫星数字农家书屋内种类丰富的影视节目和少儿图书，弥补了姐妹俩课余生活的空缺。

三年级一班班主任伍炳蓉说：“学校的三间图书室在地震中遭到损坏，至今尚未恢复，孩子们课外阅读成了一件难事。卫星数字农家书屋建成后，不仅有卫星技术支持的数字电视，能够用它看报纸、图文并茂的有声电子图书，还可以看影视剧，书屋内的藏书也非常丰富。学生们放学后都爱聚到这里。”

记者从管理书屋的志愿者那里了解到，卫星数字农家书屋建成后，日均使用人数在 50 人次左右，周末会达到 60~70 人次，小学生、中学生约占 70%,村民约 30%。小学生大多喜欢看有声图书,中学生喜欢纸质图书的较多,村民喜欢看电影。在这个特殊时期,书屋给孩子们带来了心的安宁,带来了对未来生活的信心和希望。书屋中,凑在一起的小脑袋悄声说着些什么,眉眼间透出孩子们久违的笑容。

（王佳欣 《中国新闻出版广电报》 2015 年 11 月 10 日）

九、卫星数字农家书屋亮相第十一届中国(深圳)文博会

第 11 届文博会于 2015 年 5 月 14 日至 18 日在深圳会展中心举办。中宣部、文化部、商务部、新闻出版广电总局、中国贸促会、广东省和深圳市等文博会主办单位相关领导,各省、市、区宣传部、文化厅(局)相关负责人以及品牌企业机构代表出席会议。

经过 11 年十届的成长与发展,文博会作为国家级、国际化、综合性文化产业博览交易会的品牌已初步建立,现已成为我国重要的文化产业项目投融资交易平台,成为我国文化产品走向世界的重要平台,成为海内外文化产业交流与合作的优选平台。

航天数字传媒有限公司卫星数字农家书屋业务展厅位于深圳会展中心 4 号馆中心区域。此次，卫星数字农家书屋业务主要展示了新增移动终端分屏演示功能以及民族语言与汉语“双语”呈现功能。

航天数字传媒有限公司卫星数字农家书屋业务展厅

2015 年 5 月 14 日文博会开幕当天，公司总经理郑铸东、卫星数字农家书屋业务总监柴佳林亲临展会现场并热情地向到访展厅的贵宾及各地新闻出版广电局的领导介绍卫星数字农家书屋业务。

总经理郑铸东向中国电影研究所、总局电影质检所所长张伟（右三）介绍卫星数字农家书屋

业务总监柴佳林向到访贵宾介绍卫星数字农家书屋业务

客户经理讲解卫星数字农家书屋业务

国家新闻出版广电总局副局长孙寿山莅临卫星数字农家书屋展厅并与工作人员亲切交流。对卫星数字农家书屋业务现阶段取得的成绩表示肯定，并希望卫星数字农家书屋继续深入开展，以便今后更好地服务广大农村基层人民群众，切实贯彻执行国家提高公共文化服务水平的总体工作部署。

国家新闻出版广电总局副局长孙寿山在卫星数字农家书屋展厅前听取介绍

5月14日下午,以"融合发展,合作共赢"为主题的2015数字出版高端论坛在深圳□廷苑酒店举办。来自新闻出版领域的政府主管部门领导、专家学者和十二家数字出版企业领导等嘉宾,围绕落实中央融合发展的战略部署和新闻出版行业合作共赢的实践展开了深入的讨论和精彩论述。国家新闻出版广电总局副局长孙寿山出席论坛并作主旨发言。孙寿山提出了三点意见:把握融合发展背景下数字出版产业发展新机遇;厘清融合发展背景下数字出版产业发展需要什么;明确融合发展背景下数字出版产业发展的重点任务。

国家新闻出版广电总局数字出版司司长张毅君、中国新闻出版研究院院长魏玉山主持论坛。作为受邀数字出版企业代表,航天数字传媒有限公司卫星数字农家书屋业务总监柴佳林出席论坛并作《航天技术服务民族公共文化事业》主题发言。主要介绍了民族公共文化服务现状及需求、卫星数字农家书屋业务服务民族公共文化事业的解决方案及取得的工作成果、未来业务发展方向。

业务总监柴佳林在2015年数字出版高端论坛现场发言

航天数字传媒有限公司卫星数字农家书屋业务共参展5天,期间共计接待到访、咨询、考察、参观的来宾百余人。其中,国家新闻出版广电总局领导及各司局领导多人、地方各省文化厅(局)领导数十人、国内知名厂商代表、意向合作单位代表数十人,参观观众数十人次。

卫星数字农家书屋业务现阶段取得的工作成果得到了国家新闻出版广电总局领导和地方局领导的肯定与赞赏，并对卫星数字农家书屋业务未来的持续深入开展提出了殷切希望，并着重指出加强民语双语节目的制作、投递，更加切实的服务好广大少数民族地区人民群众。

（徐继怀 《航天数字传媒》 2015 年 5 月 15 日）

十、航天数字传媒创新方案亮相 2015 年文博会

2015 年 5 月 14 日至 18 日，第十一届中国（深圳）国际文化产业博览交易会在深圳国际会展中心如期举办。本届文博会参展商总数达 2286 家，覆盖全球 97 个国家和地区。国内数字出版发行行业龙头企业的最新产品、技术、设备、解决方案，悉数亮相本届文博会，引起与会者的极大关注。

国内首家卫星全媒体数字发行运营商——航天数字传媒有限公司以“卫星网络+地面网络的天地一体化”解决方案闪耀亮相，重点展示了“少数民族语言版卫星数字农家书屋”“卫星影院 4K 超高清技术”等最新业务成果，通过创新产品和优质服务，全面诠释和落实国家互联网+战略，成为此次文博会现场令人瞩目的焦点之一。

航天数字传媒创新方案亮相 2015 年文博会

当前，由于我国历史和地理的特殊因素，民族地区公共文化产品和服务的供给力度不足，导致民族地区信息闭塞，传播手段匮乏，网络普及率低，民族语言和民族文字出版物需求大。卫星数字农家书屋少数民族解决方案，有效解决农村、少数民族的报刊远程投递难、更新慢等问题。

通过加快技术创新和资源整合，航天数字传媒“卫星数字农家书屋”少数民族版的内容和形式全面多样化，并在已有的汉语言内容资源基础上，逐步增加藏、维、蒙古等优秀精品少数民族文化内容，将优秀的少数民族节目投递到少数民族聚居区域，民族特色内容“进村、入户、到人”，加快推进我国卫星技术服务民族公共文化事业的发展进程。目前，卫星数字农家书屋建成并投入使用近3万余家，遍布内蒙古、宁夏、云南等20个省(区、市)，服务近千万农村人口。

航天数字传媒创新方案亮相2015年文博会

（张涵 《泡泡网》 2015年3月18日）

十一、卫星数字农家书屋亮相第六届中国数字出版博览会

经国家新闻出版广电总局批准，由中国新闻出版研究院主办的第六届

中国数字出版博览会于2015年7月14日–16日在北京召开。

公司总经理郑铸东向国家新闻出版广电总局副局长孙寿山介绍
卫星数字农家书屋项目进展情况

党的十八大报告和连续三年的《政府工作报告》里，全民阅读都成为党和政府工作报告中的重大工作部署。据2015年第十二次全国国民阅读调查报告显示：数字阅读方式首次超越传统纸质阅读，人均阅读率有显著提升，但仍和发达国家存在较大差距。同时，城乡阅读水平差距明显，农村远落后于城市。

航天数字传媒有限公司（下称“航天传媒”）总经理郑铸东表示：“主要是由于我国历史和地理等原因，农村地区公共文化产品和服务的供给力度不足，网络普及率低，但各类阅读需求却极大。数字平台有望成为全民阅读最先实现的地方，可通过平台来促进数字阅读活动和提升人民阅读水平。与此同时，互联网的优势在城市及发达地区，在广大边远农村则十分薄弱，如何弥补和解决这一难题成为航天传媒的发力点。”

航天传媒发挥航天卫星网络全国无缝覆盖这一无线网络优势，采用“一站式”解决方案，构建了一个覆盖全国、高效率、低成本、可管可控的国家级公共文化卫星网络服务平台，通过卫星网络投递数字内容，采用政府购买、国民免费使用的模式，有效满足人民群众读书、看报、看电影和其他多种文化需求，全面推进国民数字阅读尤其是农村地区数字阅读发展。“卫星网络平台与其他平台的区别主要是，网络覆盖全国、无盲点，版权保护严格、有效遏制盗版，传播国家主流向上内容、严格三审三教，并为服务人群精编细选高品质的丰富内容。”

参展观众在卫星数字农家书屋展厅了解业务情况

航天传媒的公共文化卫星服务平台“卫星数字农家书屋”，利用卫星网络投递图书、报纸、音像等数字化内容，用户可直接在接收终端观看与阅读，更可通过 WIFI 技术在接收点周围几百米的地方，高速下载用户自己感兴趣的内容，提升了数字阅读的便捷性，降低了使用成本。

“卫星数字农家书屋”，全年精选书刊 2000 多种、报纸 100 多份，每日更新，让农村百姓能和城里人一样及时看到最新的报刊、图书等，保障党和政府的政策信息迅速、有效送达全国各地。自 2011 年建设以来，已建成并投入使用的近 3 万余家，遍布全国包括内蒙古、青海、宁夏、新疆、西藏、云南等 20 个省（区、市），服务近千万农村人口，得到了当地百姓的广泛认可，有效地落实和推动了国家“全民阅读工程”等惠民工程的落地。与此同时，航天传媒进一步创新，在已有汉语言内容资源基础上，逐步增加藏、蒙古等优秀精品少数民族文化内容，让民族特色内容“进村、入户、到人”。

（徐继怀　《航天数字传媒》　2015 年 7 月 15 日）

十二、航天传媒“卫星数字农家书屋”亮相博览会

党的十八大报告和连续三年的《政府工作报告》里，全民阅读都成为党和政府工作报告中的重大工作部署。据 2015 年第十二次全国国民阅读调查

报告显示：数字阅读方式首次超越传统纸质阅读，人均阅读率有显著提升，但仍和发达国家存在较大差距。同时，城乡阅读水平差距明显，农村远落后于城市。航天数字传媒有限公司（下称航天传媒）总经理郑铸东表示，在整个阅读链条中，互联网的优势在城市及发达地区，而广大边远农村则十分薄弱，如何弥补和解决这一难题成为航天传媒的发力点。航天传媒作为国内首家卫星全媒体数字发行运营商，充分发挥航天卫星网络全国无缝覆盖这一无线网络优势，采用“一站式”解决方案，构建了一个覆盖全国、高效率、低成本、可管可控的国家级公共文化卫星网络服务平台，通过卫星网络投递数字内容，采用政府购买、国民免费使用的模式，有效满足人民群众读书、看报、看电影和其他多种文化需求，全面推进国民数字阅读尤其是农村地区数字阅读发展。

卫星数字农家书屋推进国家数字阅读政策落地

航天传媒的公共文化卫星服务平台包含卫星数字农家书屋、卫星数字妇女之家、卫星影院等多种业务方案。

（《人民网》 2015 年 7 月 15 日）

十三、卫星数字农家书屋业务和健康传播卫星网业务亮相第二十五届全国图书交易博览会

2015 年 9 月 25 日上午，第二十五届全国图书交易博览会在太原开幕。本届书博会由国家新闻出版广电总局、山西省人民政府共同主办，以“文华三晋·书香九州”为主题，倡导全民阅读，促进书香社会建设。

航天数字传媒有限公司作为数字出版发行企业代表，受邀携卫星数字农家书屋项目出席本届书博会。

2015 年 9 月 25 日，书博会开幕当天，全国政协副主席陈晓光，山西省委书记王儒林，山西省委副书记、省长李小鹏，国家新闻出版广电总局副局长阎晓宏，国家新闻出版广电总局副局长吴尚之，国家新闻出版广电总局印刷发行司王岩镔司长，山西省新闻出版广电局党组书记齐峰等领导及贵宾专程莅临航天数字传媒公司展厅参观，公司总经理郑铸东热情地向到访的各位领导及贵宾介绍卫星数字农家书屋业务。期间，阎晓宏副局长亲自讲解卫星数字农家书屋业务及发展趋势。

参观过程中，山西省委副书记、省长李小鹏愉快地回顾了 2011 年出席山西省人民政府与中国航天科技集团签署战略合作框架协议时的情景，对在山西落地的卫星数字农家书屋项目进展高度关注并希望尽快全面实施。

郑铸东总经理向领导及贵宾介绍卫星数字农家书屋业务

卫星数字农家书屋项目已在山西省开展试点运营，通过此次书博会向国家主管新闻出版发行行业的部委和山西省人民政府展示了两大业务的强大的技术实力，又一次展现了卫星应用技术服务公共文化领域的科技优势和航天技术服务为民的社会责任，对卫星数字农家书屋项目在山西的落地实施起到了至关重要的推动作用。

航天数字传媒有限公司卫星数字农家书屋业务共参展3天，期间共计接待到访、咨询、考察、参观的来宾数百人次，展会达到了很好的展示宣传效果。

卫星数字农家书屋体验区挤满了参观者

（徐继怀 《航天数字传媒》 2015年9月25日）

十四、卫星数字农家书屋亮相2015年全国农家书屋工作推进会

2015年11月10日上午，2015年全国农家书屋工作推进会（以下简称推进会）在北京开幕。本届推进会由国家新闻出版广电总局主办，各省（区、市）及新疆生产建设兵团新闻出版广电部门分管农家书屋工作的局领导、农家书屋办公室负责同志、地市级新闻出版广电部门负责同志共计130人参加会议。此次会议是继2012年全国农家书屋工程竣工以后，首次召开的全国性工作会议，是农家书屋工程在“十二五”收官、“十三五”开局之年承上启下的重要会议。

航天数字传媒有限公司作为唯一一家数字出版发行企业代表受邀携

卫星数字农家书屋出席本次推进会。

2015年11月10日，国家新闻出版广电总局印刷发行司司长王岩镔主持大会，国家新闻出版广电总局副局长阎晓宏，中宣部出版局巡视员刘建生，财政部、国家新闻出版广电总局相关司局领导出席大会。

推进会上，国家新闻出版广电总局副局长阎晓宏作《完善机制 注重使用 努力推进农家书屋提质增效》主题讲话，总结了农家书屋工作中的成绩和经验，梳理当前存在的问题和困难，部署谋划今后一个时期的工作，进一步统一思想认识，凝聚智慧力量，推进农家书屋建设标准化、均等化。阎晓宏讲话中着重提出航天数字传媒公司在农家书屋工程建设中的创新举措，应用航天科技技术服务于民，通过卫星技术将数字化图书、报纸、音视频等内容投递到农家书屋中，是农家书屋与数字化结合的典型案例，建设经验值得推广。

中宣部、财政部相关领导分别讲话，对农家书屋建设给予了高度肯定，并对今后全国农家书屋与数字化公共文化资源整合的方向、相关政府政策给予了前瞻性分析和建议。

2015年全国农家书屋工作推进会现场

大会特别邀请10省市农家书屋建设先进典型做主题发言，交流农家书屋建设经验。航天数字传媒公司作为卫星数字化农家书屋建设单位参与经验交流，政府与公共服务部总经理柴佳林向与会各级领导作《科技助力农家书屋工程提档升级》主题发言，主要介绍卫星数字农家书屋的建设背景、建设成果、服务保障及未来业务发展方向，各省市与会领导对卫星数字农家书屋建设经验反响热烈，纷纷与航天数字传媒公司建立联系，为后续工作开展奠定了良好的基础。

政府与公共服务部总经理柴佳林发言

2015 年 11 月 11 日，推进会闭幕当天，国家新闻出版广电总局印刷发行司司长王岩镔作总结讲话，对大会的成功召开表示祝贺，对各省参会领导同志分组讨论提出的意见和建议表示欢迎和接受，并在会上表示将按照这些意见和建议改进工作方法。王岩镔司长在总结中多次肯定航天数字传媒公司卫星数字农家书屋的建设模式及科技创新性，鼓励参会各省领导同志积极与航天数字传媒公司探讨数字化农家书屋落地建设模式。

此次推进会是对公司卫星数字农家书屋建设工作的阶段性总结，并对卫星数字农家书屋在“十三五”期间的发展规划具有指导意义。

（徐继怀 《航天数字传媒》 2015 年 11 月 11 日）

十五、让少数民族百姓同享公共文化服务阳光

近日，随着航天数字传媒有限公司提供的 1000 套内设 WIFI 的卫星数

字农家书屋设备被送到西藏自治区，西藏各族百姓即将享受到高品质、内容更丰富时尚、辐射面更大的公共文化服务。为了确保这项民心工程做好落实，10 月 15 日，西藏自治区卫星数字农家书屋设备安装使用培训会议在拉萨召开。

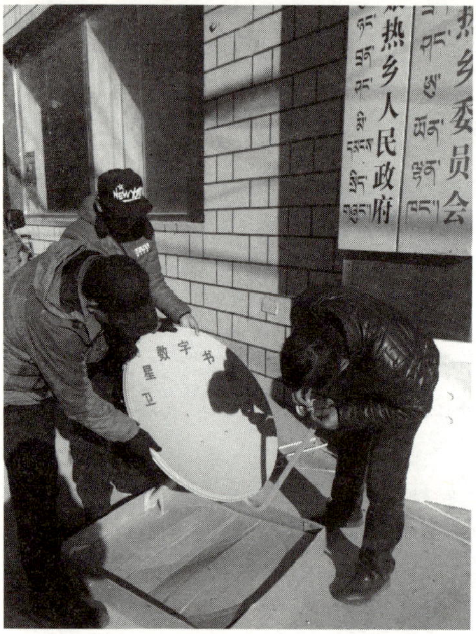

培训卫星数字农家书屋接收设备安装使用

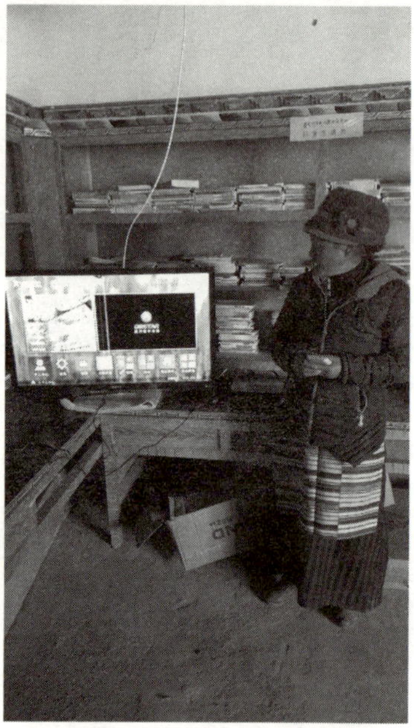
卫星数字农家书屋进入西藏

卫星数字农家书屋进入西藏，对于航天数媒而言，也具有里程碑意义。目前，卫星数字农家书屋完成了在西藏、新疆、广西、内蒙古、宁夏、云南、青海等全国几大少数民族聚集地区布点建设任务。据航天数媒相关负责人介绍，未来该公司还将利用卫星数字发行平台服务卫生系统，用于边远地区远程会诊、健康宣教，服务更多的少数民族用户，让公共文化服务的阳光照向更多人群。

从此山不再高，路不再漫长

地表海拔 3380 米，到云南省迪庆藏族自治州香格里拉县建塘镇诺西村地势可能还会更高。

放眼望去，公路在山间游弋，远处尽是皑皑的雪山，近处是大片泛着黄绿色的高原牧场，成群的牦牛与滇马在啃着草。

11 月 2 日，从香格里拉县县城出发，经过将近 1 个小时的颠簸，接近中午时分，记者来到了建塘镇诺西村村民和向阳家。和向阳家是典型的藏民家庭,屋外养着猪和鸡。走进客厅,只见和向阳父子和几位藏民邻居都围坐在火炉边,一边喝着酥油茶,一边利用卫星数字农家书屋看着大片《叶问2》。记者发现,几名邻居的鞋子上还带着泥,肯定是刚刚下地回来,就迫不及待地来到和向阳家看电影。

“平时是不是总来和向阳家串门啊?”记者问。

“没错,隔三岔五就过来。”几个邻居异口同声地说道。

“他家有什么好东西这么吸引你们啊?”

“和向阳家电视节目不一样。”几位藏族群众说道。

和向阳解释,由于他家所处的格登小组处于诺西村的边缘地带,位于高原高海拔地区,很难收到电视信号,平时很多农牧民的电视只能用来看DVD。“自从安装了卫星数字农家书屋后,不仅我们家每天晚上都要看里面的电影、电视剧,整个村小组的邻居们都愿意来我们家看电视。”和向阳说。

如和向阳所说,目前,从卫星数字农家书屋建成运行情况来看,卫星数字农家书屋相比于传统农家书屋,具有比较明显的优势。因为报刊投送困难的地区往往地处偏远,通信闭塞,缺乏网络基础设施。根据航天数字传媒有限公司的数据统计,截至目前,全国安装的卫星数字农家书屋大都在山区和离城镇较远的农村,在实际运行中取得了较好的效果。很多家住深山中的居民纷纷告诉记者:“卫星数字农家书屋可以带我们飞得更高、更远!”“书屋就是我们看世界的窗口。”

除了覆盖面广、传输简单外,卫星数字农家书屋另外一个优势在于其内容海量及不断更新。

在卫星数字农家书屋服务中西部地区和少数民族地区过程中,记者通过对用户走访调研发现,广大农民用户对三类需求迫切:党和国家的最新政策法规和时政新闻,能反映本民族及本民族语言的、本地特色的内容,中小学生的教育辅导内容、具有本地特色的种植养殖类知识、医疗保健等。为此,航天数字传媒与用户所在地的新闻出版单位进行多次对接沟通,特别是西藏、新疆、云南、内蒙古等少数民族地区,针对服务当地的卫星数字农家书屋的出版物内容、形式和相关技术等一些关键问题进行多次研究和探讨,共同制定了多种解决方案。目前,通过卫星数字发行平台,已完全实现民族语言出版物的打包投递，并为此设计了专门的民族语言化的UI图形界面和遥控器。

“阿昌山寨会越来越美”

云南省德宏傣族景颇族自治州梁河县九保阿昌族乡政府工作人员赵兴郓告诉记者，九保阿昌族乡是得到阅读实惠最多的地方。全乡辖1个社区，5个村民委员会，39个自然村，67个村民小组。从2014年年初开始，在永和村流传这样一首阿昌族山歌：“卫星数字农家书屋真是好啊，男女老少都当宝。遥控器在手随便找，农业科技有讲座，健身保健中医讲，少儿知识儿歌教，还有杂志来瞧瞧，领导关心政策好，我们要把它使用好……”这是云南省新闻出版广电局为了解决偏远少数民族地区的阅读和图书更新问题而实施的惠民工程。作为第一批受益用户，生活在西南边陲的少数民族群众能够享受到跟城市人一样的文化服务，弥合城镇与农村的信息鸿沟，每天能看到最新的报纸，学知识、学文化，农家书屋在阿昌人家致富路上点上了一盏不会熄灭的灯。

“虽然与城市相比农村的阅读水平还有很大差距，但是现在各村都已经有了农家书屋，在部分农户家中还有卫星数字农家书屋，这就具备了开展农村阅读工作的基本条件。当前和今后一个时期，把各个村的农家书屋与开展全民阅读活动紧密结合起来，探索形成管用结合的长效机制，把身边的书屋用起来，让图书‘活’起来。”赵兴郓表示，要发挥好书屋的作用，想办法凝聚推进少数民族乡村阅读工作的强大合力，为促进全民阅读营造浓厚氛围，为更多农民阅读提供更好的条件。

“阿昌人民相信农家书屋会以更加丰富的内容、更加先进的科技、更加便捷的操作、更加亲切的互动惠及广大农民群众，阿昌人民会用农家书屋这把‘金钥匙’打开通往致富、幸福的大门，阿昌山寨也会越来越美。”赵兴郓如是说。

（王佳欣　《中国新闻出版广电报》　2015年11月10日）

十六、图书小E的奇幻之旅

今天，小E将开始一段奇幻的太空之旅。

与他在一起的，还有很多小伙伴，他们是报纸、电影、电视剧、培训课程、演唱会、秧歌舞、河北梆子、相声，等等，他们正在排队，等待这段奇妙的旅程开始——

大家好，我叫小E。我是书，一本电子书。

从一出生，我就会说话，会讲故事、讲课，还会唱歌。我可以教小朋友识字、学英文，还能教京戏，说评书。我有着绚丽的外表，还配有动听的音乐。

我曾经到过北京工程师张先生的手机里，给他枯燥的上下班路上带来快乐；到过宁夏教师李老师的电脑里，与他一起度过周末的愉快时光；进入过西藏卓玛小朋友的小世界，每天通过农家书屋跟她不见不散……

听妈妈临行嘱托

临行前，妈妈告诉我，让我们上太空，是为了去农村，跟农村的小朋友们做朋友，这些小朋友们的爸爸妈妈去城里打工了，他们很孤独，没有人帮他们学习，没有人跟他们一起玩，他们几乎看不到图书，也没有看过电影。妈妈说，让我们告诉大山里的小朋友们，外面的世界是什么样的；让我们鼓励他们，要努力学习；让我们陪伴他们，健康成长。

可是，上太空怎样才能帮上他们，我还不太清楚，但是，我知道，能够帮助别人是一件很有意义的事，这也是我们电子书家族和航天人共同的光荣使命。

其实，从前很多叔叔阿姨都想过很多办法要去帮助这些在偏远贫苦地区的小朋友们，但是他们那里地处偏远，很多地方甚至都不通公路，他们很难看到报纸和电影，他们从不知道外面的世界是什么样子。我和伙伴们觉得这个任务很光荣，当然，我们心里也有些忐忑，毕竟，我们从来没有上过太空，更不知道怎样才能通过卫星见到这些农村地区的小朋友们。

到地球站走一遭

终于到了要出发的时刻。今天，我和伙伴们来到了航天数字传媒有限公司，这是航天科技集团旗下的一家子公司，我们一直非常崇拜航天员，渴望可以像他们一样，飞上太空，在天上看看我们的家，看看生活在这个美丽蓝色星球上的人们。这一次，我们的梦想就要成真了！

我们在位于神舟大厦五层的内容部进行了身份注册，进入了内容资源库，在这里，按照我们的身份不同，我和伙伴们被编入了不同的组，进入了一个叫做卫星数字农家书屋专有内容库的地方。

然后，我们被送到了位于北京西北五环外的中国卫通北京地球工作站*，听说这里管控着天上的十几颗卫星，我们也在这里看到了很多巨大的信号发射器，难道就是用它们送我们上太空吗？我的心里有点紧张。

进入太空望地球

现在，我们已到达位于地球站通信楼的卫星数字发行中心，我和伙伴们现在正在通过内容集成模块，下一个目的地，就是要通过数据发行传输模块，发送到运行于东经 125°地球同步轨道的卫星“中星 6A”上，它是 2010 年 9 月 5 日由长征三号乙运载火箭发射，定点于东经 125°同步卫星轨道，覆盖中国全境，也就是说，通过这颗卫星的服务，只要有专有的接收解码设备，不受地域限制，在中国的任何地方，都可以看到我们，这就克服了传统发行在时间和空间上的障碍，从根本上改变了像我们一样的各种出版物的配送方式，特别是为解决偏远农村书报刊更新投递成本高、周期长、难送达的问题提供了很好的办法。那些没有网络或者用不起电脑、智能手机地方的小朋友们，可以用家家都有的电视机就能看到我们了，而且是每天都可以。

在距离地球的高度 3.6 万公里的太空中，我们看到了这颗美丽的蓝色星球，这就是我们的家，我从未像此刻这样了解我自己的心——原来我如此热爱这片土地，热爱生活在这里的人们！能够为他们的快乐与幸福生活尽一份力，我和伙伴们都觉得无比的光荣和自豪！

重返地面遇“小黑”

一瞬间，我们通过“中星 6A”被传送到了分布在祖国各地的农家书屋中，这些书屋都安装有专用的接收设备，他们很小，只有 45 厘米，他们的头

---

* 目前国内最大的民用卫星地面控制中心，同时是国家一级通信枢纽，能够同时对多颗卫星进行在轨测控管理，同时还具备对后续卫星测控的能力。这里 7×24 小时都在运行，不间断地提供着各种业务服务。

一直朝着我们来的东南方向，就是因为要保证接到我们。而且，我们的传输速度不会因为伙伴多或去的地方多而受到任何影响，这也是卫星数字发行的一大优势。

然后，我们被存储到了一个被大家称为“小黑”的小方盒子里，他身体里就是卫星数字发行平台的最后一个组成部分——终端信息处理模块。小黑身体很结实，能够适应农村各种复杂环境，保证长期稳定运行。其实，我认得他，在地球站的时候，我见过，他的大名叫做卫星数字高清解码器，他一端连接着卫星接收天线，同时，另一端能够连接电视、投影、电脑等多种不同形式的显示设备，而且，小黑还有升级版，有内置 WIFI 功能，实现了如手机、笔记本电脑、平板电脑及阅读器等多种移动终端支持，实现了多种阅读方式和全终端支持，可以满足及时、便捷、个性化的阅读需求。小黑功能很强大，操作却只用一个小小的遥控器就可以了，非常简单易用。

其实，小黑还有一个更大的功能，他是我和伙伴们的忠诚卫士。我和伙伴们都是国家正规数字出版物，在网络上，我们经常受到盗版的困扰，但是在卫星数字发行渠道上，加上小黑的保护，我们就很安全，我们在地球站被传输前还专门加密过，又是通过卫星专属的通道被传输，遇到小黑后，每个小黑中都有一张身份识别卡，被称为“授权卡”，有了这张卡，读者才能播放我们，这样，就完全保证了版权，同时，也保证了整个传输过程的安全性，确保我和同伴们的内容不会被坏人篡改，让人们看到完整、正确、安全、有益的内容。

万余书屋现身影

现在，我已经身在全国近 1.2 万个的卫星数字农家书屋中，有近千万人可以在这里看到我、使用我了，读者可以在云南、宁夏、新疆、西藏见到我，也可以到北京、辽宁、内蒙古、四川、江苏了解我，还可以到陕西、青海、甘肃、湖北看望我哦。

卫星数字农家书屋，把图、文、声、影像并茂的数字化立体阅读服务，及时有效地送到了农村，使广大农村的少年儿童，特别是那些父母不在身边的留守儿童可以学到书，使老年人、残障人士可以听到书，使种植养殖户可以用到书。这是一件很重要的工作，也是很有意义的事，能够参与其中，我和伙伴们都非常高兴，也感到肩上的责任重大。

通过卫星数字农家书屋，我们可以每天把最新的报纸新闻及时送到每一个交通不便和网络不通的村庄，我们给宁夏月牙湖乡的老师和孩子们送去了第二课堂，我们可以帮助驻守新疆伊宁兵团的人们养殖致富，我们能让河北涞源白石山镇的人们每天看到一部新电影，我们给灾区的孩子们送上心的安慰，我们让藏区的人们看到外面的世界——

我是小 E，我在卫星数字农家书屋里向大家问候。我与小伙伴们将帮助那些需要帮助的人们一起走在奔向幸福、奔向梦想的路上，我们时刻准备着。

（陈雪　《航天数字传媒》 2013 年 8 月 5 日）

十七、卫星数字农家书屋：2014 整装再出发

“我至今还记得学生们第一次看到卫星数字农家书屋时，脸上所浮现出的喜悦，电子书、报纸、电影、期刊等多种学习资料让学生们眼花缭乱，他们坐得那么安静，那么整齐。”宁夏回族自治区银川市兴庆区月牙湖乡爱心阅读室管理员李学虎每逢说起卫星数字农家书屋，他的脑海里永远都会定格这样的画面。

李学虎老师的这份欣慰与书屋里孩子们的快乐，今后将会传播给更多农民朋友。2014 年，航天数字传媒有限公司将继续推进卫星数字农家书屋建设，继续让传统农家书屋提档升级，让更多人体会到集读书、看报、看电影、听讲座等文化惠民内容为一体的全媒体感官享受。

2014 年，卫星数字农家书屋，整装再出发！

高起点：文化大年快乐相随

1 月 19 日，河北省保定市涞源县白石山镇荆山口村里，大红的灯笼高高挂起，宣传阅读的条幅随处可见，村民们把“卫星数字农家书屋新春送福活动”中收到的对联和福字贴在了书屋的门口，贴心的对联，大大的福字，充满着浓浓的年味儿，这个位于白石山脚下的小山村，村容村貌都焕然一新。

带一本好书春节回家过年、上一堂航天趣味科普课、拍一张全家福、赠送一副春联、看一场电影、开展卫星数字农家书屋管理培训，如此种类繁多、

别开生面的文化活动让村民们乐开了怀，乡亲们表示这是带大伙在春节前提前体验了一把过文化新年的快乐感受。这场别开生面的文化活动主角不是别人，正是由航天数字传媒有限公司主导并实施的“卫星数字农家书屋万里行·走进河北涞源”活动，这也是此次万里行活动的起步。

来到航天趣味科普课堂上，整个教室充满了欢乐的气氛。大的10岁，小的只有两三岁，全村几十个孩子安静地坐在教室里听老师讲课。大家看到各种航天模型非常兴奋，特别是看到最新的嫦娥三号时，认真听着讲解，目不转睛地看着志愿者老师的演示讲解，孩子们还在老师的指导下亲自动手，组装模型，模拟嫦娥登月的场景，并画下了自己的“航天梦”。屋里挂满了孩子们根据观察模型以及老师的讲解所画的画，其中很多作品真的是有模有样。

卫星数字农家书屋工作人员还为村小学带来了一面崭新的国旗，并与孩子们举行了一场庄重的升旗仪式。望着红红的国旗迎风飘扬，每个农村娃的心中都随之升起了自己的中国梦。

绘蓝图：全国百姓共享快乐

快乐是可以传染的，航天数字传媒有限公司决定今年加大建设卫星数字农家书屋的力度，让更多的人分享快乐，共享公共文化服务的温暖阳光。

中西部、老少边穷等艰苦地区的发展一直是党中央关怀的重点，目前，正是需要解决这些地区的公共文化基础设施建设问题的关键时期。为此，2013年11月18日，国家新闻出版广电总局批转签发《关于转发〈中国卫通集团有限公司关于支持集中连片特殊困难地区卫星数字农家书屋建设的方案〉的通知》（以下简称《通知》）。根据该《通知》要求，航天数字传媒有限公司将重点支持集中连片特殊困难地区及老少边穷地区。按照《中国农村扶贫开发纲要（2011~2020年）》的有关说明，集中连片特殊困难地区指国家扶贫攻坚主战场，包括六盘山区、秦巴山区、武陵山区、乌蒙山区、滇桂黔石漠化区、滇西边境山区、大兴安岭南麓山区、燕山—太行山区、吕梁山区、大别山区、罗霄山区等区域的连片特困地区和已明确实施特殊政策的西藏自治区及四川省藏区、新疆南疆三地州。同时，为了进一步巩固和扩大文化惠民服务成果，将支持区域适当扩大到集中连片特困地区以外的革命老区、民族地区、边疆地区、贫困地区。

按照中央关于加大对农村和欠发达地区文化建设帮扶力度的要求，航天数字传媒有限公司积极承担起自身的社会责任，为符合支持条件并有意愿建设数字农家书屋的地区，提供卫星数字农家书屋设备免费使用，以支持其快速完成数字化建设，确保集中连片特困地区及其他老少边穷地区农民群众基本文化权益的更好实现。

深服务：力保工程健康发展

截至目前，在全国，航天数字传媒有限公司已建成并投入使用的卫星数字农家书屋达 1.5 万余家，范围遍及全国十几个省（区、市），覆盖近千万人口。为了满足各地农民的实际需求，航天数字传媒有限公司提出了三大保障机制，让农家书屋这项公共文化服务工程与农民实际需求相对接。

丰富海量的内容服务保障。卫星数字农家书屋将以《农家书屋重点出版物推荐目录》为指导，每年提供丰富的报刊、图书及音像制品的发行服务，并根据内容种类不同进行定期持续更新。其中，报纸 100 余种，每天更新，包括《人民日报》等中央报纸和地方主要报纸；期刊 30 种，每月更新；图书年总提供 2000 册，以有声读物、图文读物、少儿读物为主，每天投递更新，每季度总更新书库 500 册；音像制品 900 小时以上，包括农业科技、教育培训、综艺文化、电影、电视剧等，每天更新。

全天候不间断的技术支持保障。此时此刻，为卫星数字农家书屋工作服务的卫星（中星 6A）正运行于太空中东经 125°同步卫星轨道，覆盖中国全境，地面测控系统与数据中心就位于全国最大的北京地球工作站，300 余人的专业技术团队、运营团队和维护服务团队全天 24 小时不间断地为卫星数字农家书屋提供各项运维技术保障。

以活动带动全国读者互动保障。为进一步使卫星数字农家书屋提供更加贴近农村读者的服务，加强用户互动，营造积极向上的阅读气氛，2014 年，航天数字传媒有限公司将联合多家合作伙伴，依托卫星数字农家书屋这一农村地区的公共文化活动平台，深入一线乡村，开展形式多样、内容丰富、主题健康的全民阅读活动，并充分发挥数字化手段的引领作用，以优秀的精品内容吸引农民，逐步在全社会形成良好阅读风气。活动将以“卫星数字农家书屋万里行”为主题，为百姓带来更加贴心、实用的服务，包括科普课堂、各类培训、讲座、征文、拍摄全家福、放电影等一系列丰富多彩的读者活动，并结合本地区经济文化发展特色，应用卫星数字发行技术让外面的信息“走进来”，让大山里的乡村“走出去”，与乡亲们、孩子们共建书香新农村，共圆幸福中国梦。

（陈筱桥　王佳欣　《中国新闻出版报》 2014 年 1 月 24 日）

十八、科技助梦想飞得更高

科技总是让生活变得更美，理想也可以飞得更高更远。

2013 年 5 月，宁夏回族自治区完成了全区 2300 个行政村卫星数字农家书屋的全覆盖。航天科技为古老的“塞上江南”插上了翅膀，为自治区农民群众带来了海量的内容以及更高品质的享受。

看着清晰的电视节目，管理员和农民们的脸上都挂满了笑容，这一刻凝成了记忆——宁夏卫星数字农家书屋的记忆。

解决老马的“小”担忧

推开银川市金凤区黄河东路街道盈南家园小区阅览室的门，扑面而来的是一股浓浓的书香。60 平方米的房间被书架和书桌占据了大半，历史、文化、健康、新闻、少儿等各类书籍被分门别类地摆在书架上。133 厘米的液晶电视安放在书屋中央，外面架着卫星接收器。这个阅览室，最初是 69 岁的老党员马志诚自己筹钱办起来的。

马志诚原来是盈南村村民，2007 年 8 月住进盈南家园小区。搬进小区后，老马发现小区里的老人热衷打麻将，年轻人喜欢喝酒打牌。正是这一情形让老马萌生了办一个阅览室的念头，“有空闲时间看看书该多好”。

2009 年 9 月，老马向小区物业争取来了一间门面房，将自己的 1000 多本藏书和杂志全部拿出来，供小区居民免费借阅。“那时放书的柜子都是东拼西凑弄来的，有些还是从亲戚朋友那里厚着脸皮要来的。”就这样老马开始了他的“化缘”经历。

老马用和蔼的笑容迎接社区的每一位读者

正是有过这种“化缘”经历，让老马学会了珍惜和节约。他告诉《中国新闻出版报》记者，平日里不到周末，他不敢打开电视，怕费电。与记者采访同行的银川市文广局的工作人员告诉他：“您就打开吧，电费我们帮您解决。”

通过卫星数字农家书屋，电视里正播放着大片《钢铁侠 2》，时不时有小区里的小朋友跑过来看，老马眼睛笑成了一条缝。

参观任新兰个人博物馆

记者走进银川市永宁县增岗乡望洪镇增岗五队任新兰的家中，满墙的剪纸让人目不暇接。据任新兰介绍，这只是她多年来心血的一小部分。她今年 51 岁，8 岁那年，一个偶然的机会，任新兰看到奶奶和妈妈在绣被面，这让她有了将自己的画也“搬”下来的想法。没有彩线，她想到了剪纸，从此她结缘剪纸。

任新兰有一幅特别的作品名叫《回族人民辛勤劳作图》，长度达到了 12 米，画面上，金黄的麦田、壮实的耕牛、山川大河，以及一个个栩栩如生的人物，凸显了回汉同胞在宁夏山川上劳作、生活的祥和景象。

村干部知道任新兰有手艺，又有公益心，就让她当上了农家书屋管理员。这下任新兰可忙坏了。很多村民都知道她会剪纸，有些人来看书的同时都要向她请教剪纸的技术，后来人越来越多，任新兰索性就在书屋里办起了剪纸兴趣小组。每次小组活动的时候，大家围坐在一起有说有笑，共同探讨剪纸的技术，看看谁又有了新花样，剪累了，大家就在农家书屋里看看书。

最近，任新兰专门学习了裱画工艺，准备裱出100多幅最得意的作品在合适的机会办画展。她告诉记者，获奖和办画展并不是她的根本目的，她只是希望今后在卫星数字农家书屋节目中加入介绍非物质文化遗产的内容，让更多的人了解这些老祖宗传下来的东西，并希望自己的手艺得以传承。

（王佳欣 《中国新闻出版报》 2013年9月9日）

后 记

为提高农村公共文化服务质量和水平，增强农村公共文化产品和服务供给能力，作为传统农家书屋数字化升级的最佳解决方案，卫星数字农家书屋应用卫星数字发行平台，将高品质的报刊、图书和音像制品等内容以数字化方式投递到农家书屋中，大大提升了农家书屋的传播能力，使卫星数字农家书屋具备了"内容多、更新快、覆盖广、成本低、可管控"等特点与优势。

为更好更快地推动卫星数字农家书屋在全国的普及和应用，提高培训与使用质量，中国航天数字传媒有限公司组织编撰人员不辞辛苦，潜心编修，历时三年，编写出版了《指尖上的书屋》，旨在让建设者、管理者、使用者站在数字时代新的起点上，以更加开阔的眼界、不断创新的思路、推动卫星数字农家书屋工程建设不断取得新成就，更好地服务广大群众。由于卫星数字农家书屋是由农民自管自用的基础公共文化设施，且农村基层管理人员又有变动较为频繁的现实特点，而集中培训成本高、周期长，本书以方便、快捷、清晰、完整的方式实现管理人员和使用人员的系统化培训与工作指导，推广普及卫星数字农家书屋的各项先进的服务功能，分享各地优秀的案例和应用经验。

本书的编辑出版，不得不仰仗真实而丰富的资料，然而时间荏苒，资料编撰保存不易，在编写调研过程中，编写者付出了大量的辛劳，历时三年，得到了各省(自治区)新闻出版广电管理部门的帮助和支持。郑铸东、李宝宁、柴佳林、徐继怀承担了本书的编写任务，何英隽、柳荫、吴鹏、王若鹏、王佳欣、张贺山、李拥军、张昆平、晓渔、李峰、吴远常、周洪鹏、刘淮宇等为本书提供了相关文字材料和图片并参与了编写工作。在此，谨向对本书编写出版给予帮助和做出贡献的所有人表示衷心的感谢。

由于编写者认知有限，本书难免出现纰漏和不足之处，恳请各位同仁和读者朋友批评指正。

编 者

2016 年 3 月